Die Zuständigkeit zur Ordnung der Liturgie

Adnotationes in Ius Canonicum

Herausgegeben von Elmar Güthoff und Karl-Heinz Selge

Band 53

PL ACADEMIC RESEARCH

Marc Johannes Kalisch

Die Zuständigkeit zur Ordnung der Liturgie

Der Weg vom Zentralismus zur Einbeziehung der Verantwortung der Autoritäten unterhalb des Heiligen Stuhles

PL ACADEMIC RESEARCH

Bibliografische Information der Deutschen Nationalbibliothek
Die Deutsche Nationalbibliothek verzeichnet diese Publikation in der Deutschen Nationalbibliografie; detaillierte bibliografische Daten sind im Internet über http://dnb.d-nb.de abrufbar.

Zugl.: Augsburg, Univ., Diss., 2016

D 384
ISSN 0946-9176
ISBN 978-3-631-71857-5 (Print)
E-ISBN 978-3-631-71858-2 (E-Book)
E-ISBN 978-3-631-71859-9 (EPUB)
E-ISBN 978-3-631-71860-5 (MOBI)
DOI 10.3726/b10900

PL Academic Research ist ein Imprint der Peter Lang GmbH.

Peter Lang – Frankfurt am Main · Bern · Bruxelles · New York · Oxford · Warszawa · Wien

Diese Publikation wurde begutachtet.

www.peterlang.com

Meiner Familie

Dank

An erster Stelle danke ich meinem Doktorvater Prof. Dr. Dr. Elmar Güthoff für seine ausgezeichnete engmaschige, kompetente und wohlwollende Betreuung und für seine geduldige Art, die mir in manchen schwierigen Situationen viel Mut und Gelassenheit vermittelt hat.

Meinen kirchlichen Oberen, Seiner Exzellenz Erzbischof Wolfgang Haas, Prälat Dr. Markus Walser und Pfarrer Dr. Georg Hirsch danke ich für ihr Vertrauen und Unterstützung für dieses Projekt.

Meinen Freunden Dr. Werner Brahtz, Francesco Riegger, lic. iur. can., Mag. Marius Simiganovschi und B.A. Alma Thoma gilt mein besonderer Dank für ihre fachliche Hilfe und ihren Beistand auf allen denkbaren Ebenen.

Außerdem danke ich aufs herzlichste meiner gesamten Familie, besonders meinen Eltern, meiner Schwester und meiner Großmutter, für das Geschenk des Lebens, den Glauben an meine Fähigkeiten und die damit verbundene Unterstützung, und das liebende Begleiten meines Lebensweges.

Gliederung

Abkürzungsverzeichnis

AAS	*Acta Apostolicae Sedis*
AfkKR	*Archiv für katholisches Kirchenrecht*
AnzKG	*Anzeiger für die katholische Geistlichkeit*
ASS	*Acta Sanctae Sedis*
CIC/1917	*Codex iuris canonici, Pii X Pontificis Maximi iussu digestus, Benedicti Papae XV auctoritate promulgatus*
CIC/1983	*Codex iuris canonici, auctoritate Ioannis Pauli PP. II promulgatus*
Conc. Trident.	Konzil von Trient
C.S.R.	Congregatio Sacrorum Rituum
DDC	*Dictionnaire de Droit Canonique*
DH	DENZINGER Heinrich, *Enchiridion symbolorum defintitionum et declarationum de rebus fidei et morum*, hrsg. v. HÜNERMANN Peter, Freiburg im Breisgau, [41]2007.
GdK	*Gottesdienst der Kirche*
HdbKathKR[2]	LISTL, *Handbuch des Katholischen Kirchenrechts.*
LJ	*Liturgisches Jahrbuch*
LQF	*Liturgiewissenschaftliche Quellen und Forschungen*
LThK	*Lexikon für Theologie und Kirche*
RDC	*Revue de Droit Canonique*
S.R.C.	Sacra Rituum Congregatio
TThZ	*Trierer Theologische Zeitschrift*

Quellenverzeichnis

I. Quellensammlungen und Hilfsmittel

Bullarium Diplomatum et Privilegiorum Sanctorum Romanorum Pontificum Taurinensis Editio, 24 Bände, Turin, 1857–1872.

KONGREGATION DER HEILIGEN RITEN, *Decreta authentica Congregationis Sacrorum Rituum ex actis eiusdem collecta eiusque auctoritate promulgata sub auspiciis SS. Domini nostri Leonis papae XIII*, Bd. I–III, Rom, 1898–1900.

DENZINGER Heinrich, *Enchiridion symbolorum definitionum et declarationum de rebus fidei et morum*, hrsg. v. HÜNERMANN Peter, Freiburg im Breisgau, [41]2007.

GASPARRI Pietro und SEREDI Jusztinián, *Codicis Iuris Canonici Fontes*, 9 Bände, Rom, 1923–1939.

MANSI Giovanni Domenico, *Sacrorum conciliorum nova et amplissima collectio*, 53 Bände, Florenz, Venedig, 1759–1798.

MIGNE Jaques-Paul (Hrsg.), *Patrologiae cursus completus. Patrologiae Latinae*, Paris, 1844–1864.

OCHOA Xavier (Hrsg.), *Leges Ecclesiae post Codicem Iuris Canonici editae*, 10 Bände, Rom, 1987–2010.

PETZ Franz, *Des heiligen ökumenischen Concils von Trient Canonen und Decrete in neuer deutscher Übersetzung*, Passau,1888.

HEILIGE RITENKONGREGATION, *Decreta authentica Congregationis Sacrorum Rituum ex actis eiusdem collecta eiusque auctoritate promulgata sub auspiciis ss. Domini nostri Leonis papae XIII*, 6 Bände, Rom, 1900–1912.

HEILIGE RÖMISCHE ROTA, *Sacrae Romanae Rotae decisiones seu sententiae*, 40 Bände, Rom, 1909–1958.

SODI Manlio und TONIOLO Alessandro (Hrsg.), *Pontificale Romanum. Editio typica 1961–1962*, Vatikanstadt, 2008.

TOMASSETTI Aloysius, *Bullarium romanum*, 24 Bände, Turin, 1857–1872.

II. Päpste

INNOZENS I., Brief XXV.: *Decentio episcopo Eugubino,* in: MIGNE, *Patrologiae cursus completus. Patrologiae Latinae*, Bd. 20, 551–561.

COELESTIN I., Brief IV.: *Ad episcopos provinciae Viennensis et Narbonensis,* in: MIGNE, *Patrologiae cursus completus. Patrologiae Latinae*, Bd. 50, 429–436.

LEO I., Brief VI.: *Ad Anastasium Thessalonicensem episcopum,* in: MIGNE, *Patrologiae cursus completus. Patrologiae Latinae*, Bd. 54, 620.

GREGOR I., Brief IX.: *Ad Januarium episcopum,* in: MIGNE, *Patrologiae cursus completus. Patrologiae Latinae*, Bd. 77, 677.

- Brief XXVI.: *Ad Januarium episcopum,* in: MIGNE, *Patrologiae cursus completus. Patrologiae Latinae*, Bd. 77, 696.
- Brief LVI.: *Ad Joannem episcopum,* in: MIGNE, *Patrologiae cursus completus. Patrologiae Latinae*, Bd. 77, 654.
- Brief LXIV.: *Ad Augustinum Anglorum episcopum*, in: MIGNE, *Patrologiae cursus completus. Patrologiae Latinae*, Bd. 77, 1187.

ZACHARIAS I., Brief XIII.: *Zachariae papae ad Bonifacium archiepiscopum*, in: MIGNE, *Patrologiae cursus completus. Patrologiae Latinae*, Bd. 89, 949 ff.

GREGOR VII., Brief LXIX.: *Gregorii VII epistola ad Wimundum episcopum Aversanum,* in: MIGNE, *Patrologiae cursus completus. Patrologiae Latinae*, Bd. 148, 713.

CLEMENS VI., Brief: *„Super quibusdam“ an Mekhithar* (29. September 1351), in: DH 1061.

PAUL III., Bulle: *Licet ab initio* (21. Juli 1542), in: TOMASSETTI, *Bullarium romanum*, Bd. 6, 344–346.

JULIUS III., Bulle: *Licet a diversis* (15. Februar 1551), in: TOMASSETTI, *Bullarium romanum*, Bd. 6, 431–433.

PIUS IV., Bulle: *Pastoralis officii munus* (14. Oktober 1562), in: TOMASSETTI, *Bullarium romanum*, Bd. 7, 236–239.

- Breve: *Licet* (10. Mai 1563), in: TOMASSETTI, *Bullarium romanum*, Bd. 7, 251–252.
- Motu Proprio: *Alias nos* (2. August 1564), in: TOMASSETTI, *Bullarium romanum*, Bd. 7, 300–301.

– Motu Proprio: *Cum inter crimina* (27. August 1564), in: TOMASSETTI, *Bullarium romanum*, Bd. 7, 301–303.

PIUS V., Bulle: *Quod a nobis* (9. Juli 1568), in: TOMASSETTI, *Bullarium romanum*, Bd. 7, 685–688.

– Bulle: *Quo primum*, (14. Juli 1570), in: TOMASSETTI, *Bullarium romanum*, Bd. 7, 839–841.

– *Missale Romanum. Ex Decreto Sacrosancti Concilii Tridentini restitutum. S. Pii V Pontificis Maximi jussu editum. Aliorum Pontificium cura recognitum. A Pio X reformatum et Benedicti XV auctoritate vulgatum*, Turin, ^{14}1935.

– *Missale Romanum. Ex Decreto Sacrosancti Concilii Tridentini restitutum. Summorum Pontificum cura recognitum*, Nördlingen, 2013.

– Bulle: *Ex proximo* (20. September 1571), in: TOMASSETTI, *Bullarium romanum*, Bd. 7, 942 f.

– Bulle: *Cum felicis recordationis* (5. Dezember 1571), in: TOMASSETTI, *Bullarium romanum*, Bd. 7, 502–503.

GREGOR XIII., Breve: *Emendato iam* (14. Januar 1584), in: *Martyrologium romanum. Gregorii XIII. iussu editum. Urbani VIII. & Clementis X. auctoritate recognitum. Editio novissima a Sanctiss. Dom. nostro Benedicto XIV. Pontifice Maximo aucta et castigata*, Venedig, 1784, XXXVII.

SIXTUS V., Bulle: *Immensa aeterni Dei* (22. Januar 1588), in: TOMASSETTI, *Bullarium romanum*, Bd. 8, 985–999.

CLEMENS VIII., Breve: *Ex quo Ecclesia* (10. Februar 1596), in: TOMASSETTI, *Bullarium romanum*, Bd. 10, 246–248.

– Breve: *Cum novissime* (14. Juni 1600), in: TOMASSETTI, *Bullarium romanum*, Bd. 10, 597–598.

PAUL V., Apostolisches Schreiben: *Apostolicae Sedi* (17. Juni 1614), in: TOMASSETTI, *Bullarium romanum*, Bd. 12, 266 f.

GREGOR XV., Bulle: *Inscrutabili divinae providentiae* (22. Juni 1622), in: TOMASSETTI, *Bullarium romanum*, Bd. 12, 690–693.

– Bulle: *Romanum decet Pontificem* (22. Juni 1622), in: TOMASSETTI, *Bullarium romanum*, Bd. 12, 693–697.

– Bulle: *Cum inter multiplices* (14. Dezember 1622), in: TOMASSETTI, *Bullarium romanum*, Bd. 12, 766–768.

BENEDIKT XIV., Enzyklika: *Inter omnigenas* (2. Februar 1744), in: GASPARRI, *Codicis iuris canonici fontes*, Bd. 1, 1926, 808.

- Konstitution: *Quamvis iusto* (30. April 1749), in: GASPARRI, *Codicis iuris canonici fontes*, Bd. 2, 1928, 230.
- Enzyklika: *Allatae sunt* (26. Juli 1755), in: GASPARRI, *Codicis iuris canonici fontes*, Bd. 2, 1928, 463 f.

PIUS VI., Bulle: *Auctorem fidei* (28. August 1794), in: DH 2600–2700.

PIUS VII., Bulle: *Qui Christi Domini* (29. November 1801), in: MANSI, *Sacrorum conciliorum nova et amplissima collectio*, Bd. 41, 575–580.

PIUS IX., Apostolische Konstitution: *Romani Pontifices* (6. Januar 1862), in: *Pii IX Pontificis Maximi acta*, 1/III, Rom, 1864, 402–416.

LEO XIII., Konstitution: *Officiorum ac munerum* (25. Januar 1897), in: GASPARRI, *Codicis iuris canonici fontes*, Bd. 3, 1933, 508.

PIUS X., Motu Proprio: *Romanis Pontificibus* (17. Dezember 1903), in: *ASS* XXVI (1903–1904), 385–387.

- Apostolische Konstitution: *Sapienti consilio* (29. Juni 1908), in *ASS* XLI (1908), 425–440.

BENEDIKT XV., Motu Proprio: *Alloquentes* (25. März 1917), in: *AAS* IX (1917), 167.

- Motu Proprio: *Dei Providentis* (1. Mai 1917), in: *AAS* IX (1917), 529–531.
- *Codex iuris canonici, Pii X Pontificis Maximi iussu digestus, Benedicti Papae XV auctoritate promulgatus*, Rom, 1917, in: *AAS* IX (1917), Teil II.

PIUS XI., Motu Proprio: *Già da qualche tempo* (6. Februar 1930), in: *AAS* XXII (1930), 87 f.

PIUS XII., Enzyklika: *Mediator Dei* (20. November 1947), in: *AAS* XXXIX (1947), 521–595.

- Apostolische Konstitution: *Sacramentum Ordinis* (30. November 1947), in: *AAS* XL (1948), 5–7.
- Enzyklika: *Musicae sacrae* (25. Dezember 1955), in: *AAS* XLVIII (1956), 16 f.

PAUL VI., Motu Proprio: *Sacram Liturgiam* (25. Januar 1964), in: *AAS* LVI (1964), 139–144.

– Motu Proprio: *Integrae servandae* (7. Dezember 1965), in: *AAS* LVII (1965), 952–955.
– Apostolische Konstitution: *Regimini Ecclesiae universae* (15. August 1967), in: *AAS* LIX (1967), 897–928.
– Apostolische Konstitution: *Sacra rituum congregatio* (8. Mai 1969), in: *AAS* LXI (1969), 297–305.
– Apostolische Konstitution: *Constans nobis studium* (11. Juli 1975), in: *AAS* LXVII (1975), 417–420.

JOHANNES PAUL II., *Codex iuris canonici, auctoritate Ioannis Pauli PP. II promulgatus, fontium annotatione et indice analytico-alphabetico auctus cura et studio* PONTIFICIAE COMMISSIONIS CODICI IURIS CANONICI AUTHENTICE INTERPRETANDO, Vatikanstadt, 1983.
– *Codex des kanonischen Rechtes*, mit Sachverzeichnis / [auctoritate Ioannis Pauli PP. II promulgatus], im Auftrag der DEUTSCHEN BISCHOFSKONFERENZ, 5. neugestaltete und verbesserte Auflage, Kevelaer, 2001.
– Apostolische Konstitution: *Pastor bonus* (28. Juni 1988), in: *AAS* LXXX (1988), 841–930.

BENEDIKT XVI., Motu Proprio: *Ecclesiae unitatem* (2. Juli 2009), in: *AAS* CI (2009), 710–711.
– Motu Proprio: *Quaerit semper* (30. August 2011), in: *AAS* CIII (2011), 569–571.

III. Konzilien

KONZIL VON NIZÄA, Kanon 20, in: MANSI, *Sacrorum conciliorum nova et amplissima collectio*, Bd. 2, 684.

KONZIL VON LAODIZEA, Kanon 59, in: MANSI, *Sacrorum conciliorum nova et amplissima collectio*, Bd. 2, 573.

ZWEITES KONZIL VON BRAGA, Kapitel 1–2, in: MANSI, *Sacrorum conciliorum nova et amplissima collectio*, Bd. 9, 777.

DRITTES KONZIL VON VAISON, Kanon 1–5, in: MANSI, *Sacrorum conciliorum nova et amplissima collectio*, Bd. 8, 726 f.

Concilium Romanum. In sacrosancta basilica Lateranensi celebratum anno universalis jubilaei MDCCXXV a sanctissimo patre et domino nostro Benedicto papa XIII pontificatus sui anno I., Augsburg, 1726.

SYNODE VON PISTOIA, *Decreto della eucaristia*, VI., in: MANSI, *Sacrorum conciliorum nova et amplissima collectio*, Bd. 38, 1039 f.

ZWEITES VATIKANISCHES KONZIL, Konstitution: *Sacrosanctum Concilium* (4. Dezember 1963), in: *AAS* LVI (1964), 97–138.

- Dogmatische Konstitution: *Lumen gentium* (21. November 1964), in: *AAS* LVII (1965), 5–75.
- Dekret: *Orientalium Ecclesiarum* (21. November 1964), in: *AAS* LVII (1965), 76–89.
- Dekret: *Unitatis Redintegratio* (21. November 1964), in: *AAS* LVII (1965), 90–112.
- Dekret: *Christus Dominus* (28. Oktober 1965), in: *AAS* LVIII (1966), 673–696.
- Dekret: *Ad Gentes* (7. Dezember 1965), in: *AAS* LVIII (1966), 947–990.
- Pastoralkonstitution: *Gaudium et Spes* (7. Dezember 1965), in: *AAS* LVIII (1966), 1025–1115.

IV. Kongregationen

KONGREGATION DES HEILIGEN OFFIZIUMS, Dekret: *De novis cultus seu devotionis formis non introducendis deque inolitis in re abusibus tollendis* (26. Mai 1937), in: *AAS* IX (1937), 304 f.

- Instruktion: *Sacrae artis* (30. Juni 1952), in: *AAS* XLIV (1952), 542–548 bzw. 546.
- Commonitio: *Relatum est* (14. Februar 1958), in: *AAS* L (1958), 114.
- Monitum: *Supremae huic* (24. Juli 1958), in: *AAS* L (1958), 536.

HEILIGE RITENKONGREGATION, Dekret: *Oscen.* (16. März 1591), in: DIES., *Decreta authentica*, Bd. 1, Nr. 9, 4.

- Antwort: *Visen.* (11. Juni 1605), in: GASPARRI, *Codicis iuris canonici fontes*, Bd. 7, 1935, 766.
- Antwort: *Boianen.* (16. Januar 1607), in: GASPARRI, *Codicis iuris canonici fontes*, Bd. 7, 1935, 774.
- Antwort: *Urbis* (12. Mai 1612), in: GASPARRI, *Codicis iuris canonici fontes*, Bd. 7, 1935, 796 f.

- Dekret: *Romana* (18. Juni 1689), in: DIES., *Decreta authentica*, Bd. 1, Nr. 1812, 390.
- Dekret: *Ordinis Minorum observantium reformatorum S. Francisci* (27. März 1779), in: DIES., *Decreta authentica*, Bd. 2, Nr. 2514, 142.
- Dekret: *Cervien.* (23. August 1794), in: DIES., *Decreta authentica*, Bd. 2, Nr. 2549, 157.
- Dekret: *Massae et Populoniae* (7. April 1832), in: DIES., *Decreta authentica*, Bd. 3, Nr. 4685, 110.
- Generelles Dekret: *Quum ab anno* (26. April 1834), in: GASPARRI, *Codicis iuris canonici fontes*, Bd. 8, 1935, 45 f.
- Dekret: *Verbonen.* (27. August 1836), in: DIES., *Decreta authentica*, Bd. 2, Nr. 2745, 265.
- Antwort: *Clericorum Regularium Congregationis Somaschae* (18. Februar 1843), in: GASPARRI, *Codicis iuris canonici fontes*, Bd. 8, 1935, 79 f.
- Dekret: *Bisinianen.* (23. Mai 1846), in: GASPARRI, *Codicis iuris canonici fontes*, Bd. 8, 1938, 93.
- Dekret: *Massen.* (27. Februar 1847), in: DIES., *Decreta authentica*, Bd. 2, Nr. 2935, 346.
- Dekret: *Angelopolitana* (11. September 1847), in: DIES., *Decreta authentica*, Bd. 2, Nr. 2951, 351 f.
- Antwort: *Cenomanen.* (10. Januar 1852), in: GASPARRI, *Codicis iuris canonici fontes*, Bd. 8, 1935, 112–114.
- Dekret: *Parmen.* (9. Mai 1857), in: DIES., *Decreta authentica*, Bd. 2, Nr. 3043, 397.
- Antwort: *Molinen.* (12. September 1857), in: GASPARRI, *Codicis iuris canonici fontes*, Bd. 8, 1935, 132 f.
- Dekret: *Plurium diocesium* (14. Juli 1864), in: DIES., *Decreta authentica*, Bd. 2, Nr. 3121, 411 f.
- Antwort: *Societatis Presbyterorum SS. Sacramenti* (11. März 1871), in: GASPARRI, *Codicis iuris canonici fontes*, Bd. 8, 1935, 172.
- Dekret: *Salisburgen.* (15. Februar 1873), in: DIES., *Decreta authentica*, Bd. 3, Nr. 3287, 28 f.
- Dekret: *Urgellen.* (22. April 1871), in: DIES., *Decreta authentica*, Bd. 3, Nr. 3248, 9.

- Dekret: *Ratisbonen.* (1. Juli 1873), in: DIES., *Decreta authentica*, Bd. 3, Nr. 3308, 37.
- Dekret: *Urgellen.* (15. Juni 1883), in: DIES., *Decreta* authentica, Bd. 2, Nr. 3579, 147.
- Dekret: *Goana* (16. Juni 1893), in: DIES., *Decreta authentica*, Bd. 2, Nr. 3804, 251.
- Dekret: *Addenda et varianda in rubricis generalibus Missalis* (11. Dezember 1897), in: *ASS* XXX (1897–98), 462.
- Dekret: *Resolutionis dubiorum* (9. Juni 1899), in: DIES., *Decreta authentica*, Bd. 3, Nr. 4029, 364.
- Dekret: *Pluries a Sacra* (17. Mai 1911), in: GASPARRI, *Codicis iuris canonici fontes*, Bd. 8, 1935, 410–412.
- Dekret: *De lampade coram Sanctissimo Sacramento* (23. Februar 1916), in: *AAS* VIII (1916), 72 f.
- *Variationes faciendae in rubricis Kalendarii, Breviarii ac Missalis Romani* (1. November 1931), in: *AAS* XXIII (1931), 447–450.
- Dekret: *De lampade Sanctissimi Sacramenti et de luminibus in sacris functionibus adhibendis* (13. März 1942), in: *AAS* XXXIV (1942), 112.
- Dekret: *De facultate edendi libros liturgicos* (10. August 1946), in: *AAS* XXXVIII (1946), 371 f.
- Dekret: *De rubricis ad simpliciorem formam redigendis* (23. März 1955), in: *AAS* XLVII (1955), 224.
- Brief an Josef Kardinal Frings (9. März 1959), in: *LJ* 9 (1959), 121.
- *Rubricae Breviarii et Missalis Romani* (26. Juli 1960), in: *AAS* LII (1960), 597–731.
- Instruktion: *Inter Oecumenici* (26. September 1964), in: *AAS* LVI (1964), 877–900.
- Instruktion: *Tres abhinc annos* (4. Mai 1967), in: *AAS* LIX (1967), 442–448.

HEILIGE KONGREGATION FÜR DIE VERBREITUNG DES GLAUBENS, Instruktion (an den Apostolischen Vikar von Cochinchina): *In sacrorum administratione* (30. Juni 1830), in: GASPARRI, *Codicis iuris canonici fontes*, Bd. 7, 1935, 277 f.

HEILIGE KONGREGATION FÜR DIE GLAUBENSLEHRE, Dekret: *Ecclesiae Pastorum* (19. März 1975), in: *AAS* LXVII (1975), 281–284.

HEILIGE KONGREGATION FÜR DEN GÖTTLICHEN KULT, Antwort (11. Juni 1970), in: OCHOA, *Leges Ecclesiae*, Bd. 4, Nr. 3969.

– Instruktion: *Liturgicae instaurationes* (5. September 1970), in: *AAS* LXII (1970), 692–704.

HEILIGE KONGREGATION FÜR DIE SAKRAMENTE UND DEN GÖTTLICHEN KULT, Brief (5. Juni 1976), in: OCHOA, *Leges Ecclesiae*, Bd. 5, Nr. 4453.

KONGREGATION FÜR DEN GOTTESDIENST UND DIE SAKRAMENTENORDNUNG, Instruktion: *Varietates legitimae* (25. Januar 1994), in: *AAS* LXXXVII (1995), 288–314.

– Instruktion: *Liturgiam authenticam* (28. März 2001), in: *AAS* XCIII (2001), 658–726.

– Instruktion: *Redemptionis Sacramentum* (25. März 2004), in: *AAS* XCVI (2004), 549–601.

– Dekret: *Sanctum Paulum* (25. Januar 2008), in: *AAS* C (2008), 404.

– Dekret: *Paternas vices* (1. Mai 2013), in: *AAS* CV (2013), 641–642.

V. Gerichte

SEBASTIANELLI Guilelmo, *Mediolanen. Decisio XXVI.* (18. Juli 1914), in: HEILIGE RÖMISCHE ROTA, *Decisiones*, Bd. 6, 276–283.

CATTANI AMADORI Friderico, *Nuverina Paganorum. Decisio XXVII.* (27. Juli 1914), in: HEILIGE RÖMISCHE ROTA, *Decisiones*, Bd. 6, 284–296.

ROSETTI Pietro, *Bergomen.* (25. Februar 1919), in: *AAS* XII (1920), 129–139.

HEILIGE APOSTOLISCHE PÖNITENTIARIE, Dekret: *Novum « Enchiridion Indulgentiarum » editur* (29. Juni 1968), in: *AAS* LX (1968), 413–419.

VI. Räte

RAT ZUR AUSFÜHRUNG DER KONSTITUTION ÜBER DIE HEILIGE LITURGIE, Rundbrief (30. Juni 1965), in: OCHOA, *Leges Ecclesiae*, Bd. 3, Nr. 3296.

VII. Kirchenväter

Didache. Zwölf-Apostel-Lehre. Übersetzt und eingeleitet von Georg Schöllgen, in: BROX Norbert u. a. (Hrsg.), *Fontes Christiani. Zweisprachige Neuausgabe christlicher Quellentexte aus Altertum und Mittelalter*, Bd. 1, Freiburg im Breisgau u. a., [3]2000.

The Apostolic Fathers. With an english translation by KIRSOPP LAKE, Bd. 1, in: PAGE Thomas Ethelbert u. a. (Hrsg.), *The Loeb Classical Library*, London, 1965.

Traditio Apostolica. Apostolische Überlieferung. Übersetzt und eingeleitet von Wilhelm Geerlings, in: BROX Norbert u. a. (Hrsg.), *Fontes Christiani. Zweisprachige Neuausgabe christlicher Quellentexte aus Altertum und Mittelalter*, Bd. 1, Freiburg im Breisgau u. a., [3]2000.

AUGUSTINUS VON HIPPO, *Epistola ad inquisitiones Januarii,* Kapitel XIX., in: MIGNE, *Patrologiae cursus completus. Patrologiae Latinae*, Bd. 33, 221.

Sekundärliteratur

ACHELIS Hans und FLEMMING Johannes, *Die ältesten Quellen des orientalischen Kirchenrechts. Zweites Buch. Die syrische Didaskalia*, Heft 2, in: VON GEBHARDT Oscar und HARNACK Adolf (Hrsg.), *Texte und Untersuchungen zur Geschichte der altchristlichen Literatur. Archiv für die von der Kirchenväter-Commision der Kgl. Preussischen Akademie der Wissenschaften unternommene Ausgabe der älteren christlichen Schriftsteller*, Neue Folge, Bd. 10, Leipzig, 1904.

ADRIÁNYI Gabriel, *Apostolat der Priester- und Ordensberufe. Ein Beitrag zur Geschichte des deutschen Katholizismus im 20. Jahrhundert*, Köln, Wien, 1979.

ALAND Kurt (Hrsg.), *Quellen zur Geschichte des Papsttums und des römischen Katholizismus. Reihe II. Die Kirche nach dem 2. Vatikanischen Konzil*, Tübingen, 1972.

ALTHAUS Rüdiger, *Ordnung der Liturgie: can. 838*, in: *MK*, 39. Erg. – Lfg., Juli 2005, 838/1–838/10.

– *Interkonfessionelle Sakramentendisziplin: can. 844*, in: *MK*, 46. Erg. – Lfg., August 2010, 844/1–844/16.

– *Vollmacht über die Sakramente: can. 841*, in: *MK*, 46. Erg. – Lfg., August 2010, 841/1–841/4.

AYMANS Winfried und MÖRSDORF Klaus, *Kanonisches Recht. Lehrbuch aufgrund des Codex iuris canonici* (= *KanR*), 4 Bände, Paderborn u.a., 1991.

BAUMGARTNER Jakob, *Liturgische Gestaltung der Segnungen*, in: DERS. (Hrsg.), *Gläubiger Umgang mit der Welt. Die Segnungen der Kirche*, Freiburg im Breisgau, 1976, 111–132.

BEAUDUIN Lambert, *Normes pratiques pour les réformes liturgiques*, in: *La Maison-Dieu* 1 (1945), 9–22.

BECKMANN Joachim, *Quellen zur Geschichte des christlichen Gottesdienstes*, Gütersloh, 1956.

BIER Georg, *Amtsverzicht des Diözesanbischofs*, can. 401, in: *MK*, 30. Erg. – Lfg., Dezember 1998, 401/1–401/6.

BOEKHOLT Peter, Das *Geheimnis der Eucharistie in der kirchlichen Rechtsordnung. Grundriß der partikularen Gesetzgebung für die Bistümer in der Bundesrepublik Deutschland*, Rom, 1981.

BOUVRY Ghislain, *Expositio rubricarum breviarii, missalis et ritualis Romani cum adnotationibus de origine, ratione ac sensu mystico rubricarum, caeremoniarum et festarum*, Tournai, 1857.

DE HERDT Pierre, *Sacrae liturgiae praxis. Juxta ritum romanum, in missae celebratione, officii recitatione et sacramentorum administratione servanda*, Löwen, 1870.

DEL RE Niccolo, *La curia romana*, Rom, ²1952.

– *La curia romana*, Rom, ³1970.

DE SIMONE Oronzo, *De notione ac officio litugici iuris*, in: *Monitor ecclesiasticus* 85 (1960), 151–159.

DOERNER August, *Sentire cum Ecclesia. Ein dringender Aufruf und Weckruf an Priester*, Mönchengladbach, 1941.

DZIOB Michael, *The Sacred Congregation for the Oriental Church*, in: *The Catholic University of America. Canon Law Studies* 214 (1945), Washington D.C., 1945.

EISENHOFER Ludwig, *Handbuch der katholischen Liturgik*, Freiburg im Breisgau, 1932.

ESPOSITO Bruno, *Il codice di Diritto Canonico latino e le leggi liturgiche*, in: CONN James J. (Hrsg.), *Iustitia in caritate: Miscellanea in onore di Velasio De Paolis* (*Studi giuridici* 72), Vatikanstadt, 2005, 179–214.

FEINE Hans Erich, *Kirchliche Rechtsgeschichte. Die katholische Kirche*, Köln, ⁵1972.

FISCHER Balthasar, *Das Originalmanuskript des Rituale Romanum*, in: *TThZ* 70 (1961), 244–246.

– *Das Rituale Romanum (1614–1964). Die Schicksale eines liturgischen Buches*, in: *TThZ* 73 (1964), 257–271.

– *Das Trierer Rituale im 19. Jahrhundert. Ein Beitrag zur Geschichte der deutschen Diözesanritualien*, in: *Trierer theologische Studien: Band 15. Ekklesia: Festschrift für Bischof Dr. Matthias Wehr*, Trier, 1962, 235–257.

– *Grundsätzliches zum neuen Rituale*, in: *TThZ* 60 (1951), 102–105.

FISCHER Balthasar und GY Pierre-Marie, *De recognitione Ritualis Romani*, in: *Notitiae* 2 (1966), 220–230.

FRÜHMORGEN Franz, *Bischof und Bistum – Bischof und Presbyterium. Eine liturgiewissenschaftliche Studie zu den Artikeln 41 und 42 der Liturgiekonstitution des Zweiten Vatikanums* (= *Studien zur Pastoralliturgie* 9), Regensburg, 1994.

GARCIA BARBERENA Tomas, *Die Sakramente in der kirchlichen Rechtsordnung*, in: *Concilium* 4, 2 (1968), 564–568.

GÜTHOFF Elmar, *Recognitio*, in: *LThK*[3], Bd. 8, 917–918.

HAERING Stephan, *Liturgie und Recht*, in: HAUNERLAND Winfried u. a., *Theologie des Gottesdienstes. Gottesdienst im Leben der Christen. Christliche und jüdische Liturgie* (= *GdK* 2,2), Regensburg, 2008, 403–454.

HARNONCOURT Philipp, *Gesamtkirchliche und teilkirchliche Liturgie*, Freiburg im Breisgau, 1974.

HEINZ Andreas, *Die gedruckten liturgischen Bücher der Trierischen Kirche. Ein beschreibendes Verzeichnis mit einer Einführung in die Geschichte der Liturgie im Trierer Land. Professor Dr. Balthasar Fischer zum 85. Geburtstag am 3. September 1997*, in: PERSCH Martin, *Veröffentlichungen des Bistumsarchivs Trier*, Bd. 32, Trier, 1997.

– *Die Feier der Sakramente in der Sprache des Volkes. Zur Ritualereform vor dem Zweiten Vaticanum*, in: *TThZ* 102 (1993), 258–270.

– *Heinrich von Meurers (1888–1953). Ein Leben im Dienst der liturgischen Erneuerung*, in: *LJ* 43 (1993), 94–108.

– *Liturgiereform ohne Rom. Ein unbekanntes Kapitel aus der Vorgeschichte des deutschen Einheitsrituales (1950)*, in: HAMMANS Herbert (Hrsg.), *Geist und Kirche. Studien zur Theologie im Umfeld der beiden Vatikanischen Konzilien. Gedenkschrift für Heribert Schauf*, Paderborn, München u. a., 1991, 115–163.

– *Liturgiereform vor dem Konzil. Die Bedeutung Pius XII. für die gottesdienstliche Erneuerung*, in: HORSTMANN Johannes (Hrsg.), *Pius XII. Theologische Linien seines Pontifikates. Bibelwissenschaft, Liturgie, Friedensethik*, in: KREMS Gerhard (Hrsg.), *Akademie-Vorträge 36. Veröffentlichungen der Katholischen Akademie Schwerte*, Schwerte, 1991, 33–74.

HILLING Nikolaus, *Das Sachenrecht des Codex Juris Canonici*, Freiburg im Breisgau, 1928.

HINSCHIUS Paul, *Das Kirchenrecht der Katholiken und Protestanten in Deutschland. System des katholischen Kirchenrechts mit besonderer Rücksicht auf Deutschland*, Bd. 4, Graz, 1959.

HOLLERWEGER Hans, *Das neue deutsche Benediktionale*, in: *Notitiae* 15 (1979), 349–362.

– *Das neue deutsche Benediktionale. Ein Arbeitsbericht*, in: *LJ* 30 (1980), 69–89.

HOPING Helmut, *Mein Leib für euch gegeben. Geschichte und Theologie der Eucharistie*, Freiburg im Breisgau, 2011.

HUELS John M., *Liturgy and Law. Liturgical law in the system of roman catholic canon law* (Collection Gratianus: Section handbooks), Montréal u. a., 2006.

JOUNEL Pierre, *La réforme des Propres diocésains*, in: *La Maison-Dieu* 52 (1957), 134–140.

– *Le décret Caprara et le Code des Rubriques*, in: *La Maison-Dieu* 63,2 (1960), 82–87.

KELLER Heinrich, *Liturgie und Kirchenrecht. Zur Klärung und Vertiefung des Begriffes Liturgie*, in: *Scholastik* 17 (1942), 342–384.

KELLY Walter J., *The authority of liturgical laws*, in: *The Jurist* 28 (1968), 397–424.

KLAUSER Theodor, *Kleine Abendländische Liturgiegeschichte. Bericht und Besinnung*, Bonn, 1965.

KLUGER Florian, *Benediktionen. Studien zu kirchlichen Segensfeiern* (= *Studien zur Pastoralliturgie* 31), Regensburg, 2011.

KONTOR Ludwig, *Die bischöfliche Jurisdiktion und das Gewohnheitsrecht*, in: *AfkKR* 118 (1938), 479–489.

KÖSTLER Rudolf, *Wörterbuch zum Codex Iuris Canonici*, München, 1927.

KRANEMANN Benedikt, *Sakramentliche Liturgie im Bistum Münster. Eine Untersuchung handschriftlicher und gedruckter Ritualien und der liturgischen Formulare vom 16. bis zum 20. Jahrhundert* (= *LQF* 83), Münster, 1998.

LENGELING Emil Joseph, *Die neue Ordnung der Eucharistiefeier. Allgemeine Einführung in das römische Messbuch. Endgültiger lateinischer und deutscher Text. Einleitung und Kommentar*, Münster, ²1971.

– *Reihe Lebendiger Gottesdienst 5/6, Die Konstitution des Zweiten Vatikanischen Konzils über die heilige Liturgie. Lateinisch-deutscher Text mit einem Kommentar von E. J. Lengeling*, Münster, 1964.

– *Reihe Lebendiger Gottesdienst 7, Die Instruktion vom 26. September 1964 zur Liturgiekonstitution. Lateinisch-deutscher Text mit einem Kommentar von Heinrich Rennings*, Münster, 1965.

LONA Horacio, *Der erste Clemensbrief*, in: BROX Norbert u. a. (Hrsg.), *Kommentar zu den Apostolischen Vätern*, Bd. 2, Göttingen, 1998.

LÜDICKE Klaus, *Anwendbare Vorschriften: can. 997*, in: *MK*, 46. Erg. – Lfg., August 2010, 997/1.

MAAS-EWERD Theodor, *Die Krise der Liturgischen Bewegung in Deutschland und Österreich. Zu den Auseinandersetzungen um die „liturgische Frage" in den Jahren 1939 bis 1944* (= *Studien zur Pastoralliturgie* 3), Regensburg, 1981.

– *Muttersprachliches Benediktionale ohne lateinisches Modell. Zur Eigenart eines neuen liturgischen Buches*, in: *AnzKG* 88 (1979), 218–224.

MARTIMORT Aimé-Georges (Hrsg.), *Handbuch der Liturgiewissenschaft*, Freiburg im Breisgau, Basel, Wien, 1963.

MARZOA Ángel u. a. (Hrsg.), *Comentario exegético al código de derecho canónico*, Bd. III/1, Pamplona, ³2002.

MAST Joseph, *Rituale Romanum*, in: WETZER Heinrich Joseph und WELTE Benedikt (Hrsg.), *Kirchen-Lexikon oder Encyklopädie der Katholischen Theologie und ihrer Hilfswissenschaften*, 9. Band (Raab – Sedulius), Freiburg im Breisgau, 1852, 329–330.

MAY Georg, *Verschiedene Arten des Partikularrechtes*, in: *AfkKR* 152 (1983), 31–45.

MAYER Suso, *Neueste Kirchenrechts-Sammlung. Die Gesetze der Päpste, die authentischen Auslegungen der kirchlichen Gesetze und die anderen Erlasse des Heiligen Stuhles seit Erscheinen des Codex iur. can. (1917)*, Freiburg im Breisgau, 1955.

MCMANUS Frederick R., *Die Rechtsvollmacht des Bischofs in der Konstitution über die heilige Liturgie*, in: *Concilium* 1 (1965), 86–94.

– *The new code of rubrics*, in: *The Jurist* 21 (1961), 94–107.

MENGHINI Giovanni Battista, *De legibus liturgicis in peculiarem codicem redigendis. Speculativa elucubratio*, in: *Ephemerides liturgicae* 35 (1922), 217–222.

MORRISEY Francis G., *Ten Years of Liturgical Legislation (1963–1973)*, in: *Studia canonica* 7, 2 (1973), 289–308.

MÖRSDORF Klaus (Hrsg.), *Lehrbuch des Kirchenrechts auf Grund des Codex Iuris Canonici*, Paderborn, 91958.

– DERS., *Lehrbuch des Kirchenrechts auf Grund des Codex Iuris Canonici*, Paderborn, 111967.

MÜLLER Ludger, *Begriff, Träger und Ordnung der Liturgie*, in: *HdbKathKR*2, 778–786.

NEUHEUSER Hanns Peter, *Liturgierecht und Liturgiepastoral. Synodales Partikularrecht als Wegbereiter der Liturgiereform des Zweiten Vatikanums*, in: *Zeitschrift der Savigny-Stiftung für Rechtsgeschichte. Kanonistische Abteilung* 126 (2009), 341–396.

NOIROT Marcel, *La „rationabilitas" des usages contraires aux lois liturgiques depuis la promulgation du Code de droit canonique*, in: *L'année canonique* 1 (1952), 129–140.

– *Les rituels diocésains: Leur position canonique actuelle*, in: *RDC* 2 (1952), 433–438.

– *Liturgique (droit) (dans l'église latine)*, in: *DDC* 6 (1957), 535–594.

– *Livres liturgiques de l'église romaine*, in: *DDC* 6 (1957), 595–606.

– *Une paroisse peut-elle prescrire des véritables „coutumes" en matière de liturgie?*, in: *RDC* 2 (1952), 99–101.

PASCHER Joseph, *Das liturgische Recht in der Konstitution des II. Vatikanischen Konzils über die Heilige Liturgie*, in: *AfkKR* 132 (1963), 385–405.

POMMARES Jean Marie, *Trente el le Missel. L`évolution de la question de l'autorité compétente en matière de Missels*, Rom, 1997.

PROBST Ferdinand, *Kirchliche Benediktionen und ihre Verwaltung*, Tübingen, 1857.

PROBST Manfred, *Bibliographie der katholischen Ritualiendrucke des deutschen Sprachbereichs. Diözesane und private Ausgaben* (= *LQF* 74), Münster, 1993.

– *Der Ritus der Kindertaufe. Reformversuche der katholischen Aufklärung des deutschen Sprachbereiches*, in: *Trierer theologische Studien: Band 39*, Trier, 1981.

RAU Stefan, *Die Feier der Gemeinden und das Recht der Kirche. Zu Aufgabe, Form und Ebenen liturgischer Gesetzgebung in der katholischen Kirche,* (= *Münsteraner Theologische Abhandlungen* 12), Altenberge, 1990.

REID Alcuin, *The organic development of the Liturgy*, San Francisco, 2005.

REINHARDT Heinrich, *Heiligtum – Einteilung: can. 1231*, in: *MK*, 46. Erg. – Lfg., August 2010, 1231/1–1231/2.

– *Jurisdiktion über die Sakramentalien: can. 1167*, in: *MK*, 46. Erg. – Lfg., August 2010, 1167/1–1167/2.

RIEDEL-SPANGENBERGER Ilona, *Approbatio*, in: VON CAMPENHAUSEN Axel Frhr. u. a. (Hrsg.), *Lexikon für Kirchen- und Staatskirchenrecht*, Bd. 1, Paderborn, 2000, 146–149.

RHODE Ulrich, *Die recognitio von Statuten, Dekreten und liturgischen Büchern*, in: *AfkKR* 169 (2000), 433–468.

RICHSTATTER Thomas, *Changing styles of liturgical law*, in: *The Jurist* 38 (1978), 415–425.

ROHRBASSER Anton (Hrsg.), *Heilslehre der Kirche: Dokumente von Pius IX. bis Pius XII.*, Freiburg (Schweiz), 1953.

SCHMITZ Heribert, *Approbatio in forma specifica*, in: *Lexikon des Kirchenrechts*, Freiburg im Breisgau, 2004, 64–66.

– *Die Liturgie-Instruktion Redemptionis Sacramentum von 2004. Kirchenrechtliche Anmerkungen zum Erlaß der Kongregation für den Gottesdienst und die Sakramentenordnung vom 25. März 2004* (*Adnotationes in ius canonicum* 36), Frankfurt/M., 2005.

– *Rescriptum ex Audientia SS.mi*, in: *Münchener Theologische Zeitschrift* 42 (1991), 371–386.

SPITAL Hermann Josef, *Gedanken zur Reform des Benediktionale*, in: *LJ* 15 (1965), 108–118.

STREWE Adolf (Hrsg.), *Die Canonessammlung des Dionysius Exiguus in der ertsen Redaktion*, in: HIRSCH Emanuel und LIETZMANN Hans (Hrsg.), *Arbeiten zur Kirchengeschichte*, Bd. 16, Berlin, 1931.

STOFFEL Oskar, *Das Kirchenvolk auf dem Weg von der Paraliturgie zur Liturgie. Historisch-rechtliche Ausgangslage und postkonziliare Ansätze*, in: *Theologisch-praktische Quartalschrift* 130 (1982), 50–59.

STOHR Albert, *Vom Werden und von der Bedeutung des neuen deutschen Rituale*, in: LENHART Ludwig (Hrsg.), *Mainzer Univeritäts-Reden*, Mainz, 1950, 11–34.

STOWASSER Joseph M., *Stowasser: lateinisch-deutsches Schulwörterbuch von J.M. Stowasser, M. Petschenig und F. Skutsch*, München, 1998.

SZABÓ Péter, *I libri liturgici orientali e la Sede Apostolica. Sviluppo della prassi e stato attuale*, in: *Folia Canonica* 7 (2004), 261–278.

TSUCHIYA Franz Xaver, *Das japanische Rituale und seine Bedeutung*, in: *LJ* 10 (1960), 110–112.

VERMEERSCH Arthur und CREUSEN Joseph, *Epitome Iuris Canonici,* 3 Bände, Mecheln, 1946–1954.

VOLLMER Thomas, *Agenda Coloniensis. Geschichte und sakramentliche Feiern der gedruckten Kölner Ritualien* (= *Studien zur Pastoralliturgie* 10), Regensburg, 1994.

VON ARX Walter, *Zur Enstehungsgeschichte des Rituale*, in: *Zeitschrift für Schweizerische Kirchengeschichte* 63 (1969), 39–57.

WEGMAN Herman, *Liturgie in der Geschichte des Christentums*, Regensburg, 1994.

WERNZ Franz Xaver und VIDAL Petrus, *Ius canonicum*, 7 Bände, Rom, 1933–1952.

WOLLMANN Paul, *Das neue Benediktionale I. Grundsätzliches und pastorale Gedanken*, in: *AnzKG* 87 (1978), 360–364.

Einleitung

Der *Codex Iuris Canonici* von 1917 reserviert die liturgische Ordungskompetenz für den Apostolischen Stuhl. In strikter Weise üben Papst und die römische Kurie diese Reservation aus, sodass nur sehr wenig Einfluss für den Diözesanbischof auf die Ordnung der Liturgie bleibt.

Die vorliegende Arbeit möchte die geschichtliche Entwicklung der päpstlichen Reservation, ihre praktische Ausübung durch verschieden Dikasterien der römischen Kurie, sowie die wenigen Möglichkeiten der bischöflichen Einflussnahe darstellen.

Der entscheidende can. 1257, *CIC/1917* und der Begriff des Gewohnheitsrechtes werden hierzu genauer zu beleuchten sein.

Ausgehend von den Quellen des *CIC/1917*, die im Original und in deutscher Übersetzung eingefügt werden, soll untersucht werden, welche Veränderungen die Kodexreform nach dem Zweiten Vatikanischen Konzil in der Frage nach der Zuständigkeit in der Ordnung der Liturgie bewirkt hat. Die Auswahl der Quellen insbesondere der der römischen Kongregationen und Gerichte richtet sich nach der Quellenausgabe des *CIC/1917*.

Abschließend soll ein Vergleich zur aktuellen Rechtslage des *CIC/1983* gezogen werden.

I. Die liturgische Ordnungskompetenz im *CIC/1917*

Can. 1257, *CIC/1917* schreibt die alleinige Kompetenz in der Ordnung der Liturgie und der Approbation der liturgischen Bücher dem Apostolischen Stuhl zu: „Unius Apostolicae Sedis est tum sacram ordinare liturgiam, tum liturgicos libros approbare."

Can. 7, *CIC/1917* bestimmt den Apostolischen Stuhl näher, indem festgestellt wird, dass darunter nicht nur der Papst, zum einen als ein ständig eingerichtetes Amt, zum anderen aber auch die Person des Amtsträgers[1] zu verstehen sei, sondern auch, sofern nicht aus der Natur der Sache oder dem Kontext heraus etwas anderes hervorgeht, die Kongregationen, Gerichtshöfe und Ämter, die dem Papst als „Hilfsorgane in der Erledigung der kurialen Geschäfte"[2] dienen.[3]

I.1 Papst

So kommt dem Papst kraft seiner bischöflichen, ordentlichen und unmittelbaren Gewalt[4] die höchste Kompetenz in der Ordnung der Liturgie zu, da er nicht nur die höchste Jurisdiktionsgewalt in den Dingen den Glauben und die Sitten betreffend innehat, sondern auch, was die Disziplin und Leitung der Universalkirche betrifft.[5] Somit übt er in diesem Kontext seine Hirten- und

---

1 Vgl. MÖRSDORF, *Lehrbuch des Kirchenrechts*, 1964, Bd. I, 361 f.

2 Ebd.

3 Vgl. can. 7, *CIC/1917*: „Nomine Sedis Apostolicae vel Sanctae Sedis in hoc Codice veniunt non solum Romanus Pontifex, sed etiam, nisi ex rei natura vel sermonis contextu aliud appareat, Congregationes, Tribunalia, Officia, per quae idem Romanus Pontifex negotia Ecclesiae universae expedire solet."

4 Vgl. can. 218, § 2, *CIC/1917*: „Haec potestas est vere episcopalis, ordinaria et immediata tum in omnes et singulas ecclesias, tum in omnes et singulos pastores et fideles, a quavis humana auctoritate independens."

5 Vgl. can. 218, § 1, *CIC/1917*: „Romanus Pontifex, Beati Petri in primatu Successor, habet non solum primatum honoris, sed supremam et plenam potestatem iurisdictionis in universam Ecclesiam tum in rebus quae ad fidem et mores, tum in iis quae ad disciplinam et regimen Ecclesiae per totum orbem diffusae pertinent."

nicht seine Weihegewalt aus.[6] Alle Dinge, die sich der Papst vorbehält, also auch die Ordnung des amtlichen Gottesdienstes, werden gemäß can. 220, *CIC/1917 causae maiores* genannt.[7] Nur der Papst also hat das Recht, über Liturgie und Gottesdienst zu entscheiden, d.h. „Formen und Riten für die Verwaltung der heiligen Handlungen festzusetzen, neue Gottesdienste und Gebete einzuführen und über Art, Zeit und Ort des Gottesdienstes und der Gebete zu bestimmen."[8]

Einerseits gibt es die Ansicht, dass diese Reservation „ein ursprüngliches Recht (ius primigenium) [des Papstes], das im Wesen des Primates wurzelt"[9] darstellt, andererseits, dass sie eine rechtsgeschichtliche, positivistische Entwicklung ist, die „nicht aus göttlicher Anordnung oder der Natur der Sache"[10] hervorgeht.

Praktisch ergehen päpstliche Anordnungen durch unmittelbare Akte wie Enzykliken, Konstitutionen oder Motu Proprien. Jedoch wird dadurch meist nur Grundsätzliches festgelegt, das dann durch Instruktionen der betreffenden Kongregationen weiter ausgefaltet wird. Auch kann der Papst einen Legaten bestellen, der an seiner Stelle am betreffenden Ort Entscheidungen mit verbindlichem Charakter trifft.[11]

Seltener verfügt der Papst auch mittels eines mündlich erteilten Bescheides (*oraculum vivae vocis* oder *rescriptum ex audientia SS.mi*). Dies erfolgt z.B. in einer Audienz eines Kardinalpräfekten. Ein solches *oraculum vivae vocis* gilt grundsätzlich gemäß can. 79, *CIC/1917* wegen der mangelnden Sicherheit der Authentizität nur für das *forum internum*.[12] Ein Kardinal

---

6 Vgl. MÖRSDORF, *Lehrbuch des Kirchenrechts*, 1958, Bd. II, 349. (An dieser Stelle wurde eine ältere Auflage des Lehrbuchs herangezogen, um die Rechtsauffassung vor der Einbeziehung des Zweiten Vatikanischen Konzils zu dokumentieren.)

7 Vgl. can. 220, *CIC/1917*: „Gravioris momenti negotia quae uni Romano Pontifici reservantur sive natura sua, sive positiva lege, causae maiores appellantur."

8 HINSCHIUS, *Das Kirchenrecht der Katholiken und Protestanten in Deutschland*, 13.

9 EISENHOFER, *Handbuch der katholischen Liturgik*, Bd. I, 45.

10 KELLER, *Liturgie und Kirchenrecht*, 343, Anm. 6.

11 Laut JOUNEL bestimmte Kardinal Caprara 1804 als Legat des Papstes die äußere Feier und die Daten einiger Feste in Frankreich (vgl. JOUNEL, *Le décret Caprara et le Code des Rubriques*, 85.).

12 Vgl. can. 79, *CIC/1917*: „Quamvis privilegia, oretenus a Sancta Sede obtenta, ipsi petenti in foro conscientiae suffragentur, nemo tamen potest cuiusvis privilegii

aber besitzt aufgrund can. 239, § 1, 17°, *CIC/1917*[13] die kirchenrechtlich begründete Glaubwürdigkeit, ein *oraculum vivae vocis* auch für das *forum externum* zu beglaubigen.[14]

Meist jedoch erfolgt die liturgische Gesetzgebung durch Dekrete der Kongregationen, die entweder aus eigenem Antrieb erarbeitet oder auf besonderen Wunsch des Papstes oder mit seiner Approbation *in forma specifica* versehen werden.

I.1.1 Entwicklung der päpstlichen Reservation in der Antike

Eine geschichtliche Entwicklung in der praktischen Ausführung der Ordnung der Liturgie lässt sich feststellen.

Schon Paulus ermahnt die Kirche in Korinth das Herrenmahl würdig zu feiern[15] und Jakobus empfiehlt die Krankensalbung durch die Ältesten.[16] Jedoch sind diese Formen der liturgischen Vorschriften noch sehr rudimentär, was sich auch in der apostolischen und nachapostolischen Zeit nicht ändern wird. Von liturgischer Normgebung im engeren Sinne zu sprechen, wäre unangebracht.

Einige Kirchenordnungen wie die Didache in ihrem neunten Kapitel[17] (um 100 n. Chr.) oder das vierte Kapitel der Traditio Apostolica[18] (drittes Jahrhundert) sprechen zwar den Gottesdienst an und schlagen bestimmte Gebetstexte vor, gehen aber in der Ordnung des Vollzuges nicht ins Detail.

---

usum adversus quemquam in foro externo vindicare, nisi privilegium ipsum sibi concessum esse legitime evincat."

13 Vgl. can. 239, § 1, 17°, *CIC/1917*: „Praeter alia privilegia quae in hoc Codice suis in titulis enumerantur, Cardinales omnes a sua promotione in Consistorio facultate gaudent: Fidem faciendi in foro externo, de oraculo pontificio testantes."

14 So beglaubigt Kardinal Cicognani einen mündlichen Bescheid des Papstes vom 9. März 1959, der es in Deutschland für ein Jahr *ad experimentum* möglich macht, die Lesungen der Karwoche unmittelbar auf deutsch vorzutragen (vgl. HEILIGE RITENKONGREGATION, Brief an Josef Kardinal Frings (1959)).

15 Vgl. 1 Kor 11, 17–34.

16 Vgl. Jak 5, 14 f.

17 Vgl. *Didache*, 120–122.

18 Vgl. *Traditio Apostolica*, 220–226.

Mit dem dritten Jahrhundert kristallisiert sich das Amt des Bischofs als „Vorsteher und Leiter der Liturgie“[19] in seiner Ortskirche heraus. Die Didaskalie schreibt den Priestern und Diakonen vor, nichts ohne die Anweisung des Bischofs als Nachfolger der Apostel zu tun.[20] Die Apostolischen Kanones, eine Kirchenordnung aus dem vierten Jahrhundert, stellen einige Regeln zur Darbringung des Opfers für die Bischöfe, Priester und Diakone auf.[21]

In Lokalsynoden werden mit der Zeit auch Dinge den Gottesdienst betreffend erörtert und entschieden. Bei den Ökumenischen Konzilien jedoch spielt dieses Thema überwiegend keine Rolle, außer beim ersten Konzil von Nizäa (325), das in Kanon 20 das Knien am Sonntag und in der Pfingstzeit untersagt.[22] Das Konzil von Laodizea (343) dekretiert in Kanon 59, keine anderen liturgischen Bücher im Gottesdienst zu gebrauchen als die kanonischen.[23]

Immer stärker versuchen die Ortsbischöfe, die Freiheit im Formulieren von Gebetstexten zu unterbinden, und ordnen zusammen mit den Synoden die Liturgie für ihren eigenen Jurisdiktionsbereich.

Die Orientierung am Bischof von Rom kommt ungefähr im vierten Jahrhundert auf, nachdem schon Papst Klemens I. im zweiten Jahrhundert gewisse Ordnungskompetenzen in Anspruch genommen hatte.[24] Hauptsächlich wenden sich die Bischöfe des Westens an den Papst, um ihre Streitsachen klären zu lassen. Dies geschieht in erster Linie aufgrund dogmatischer aber auch aufgrund liturgischer Belange. So entscheidet der Bischof von Rom am Beispiel seines eigenen, römischen Ritus. Durch die Befolgung der römischen Anweisung verbreitet sich dieser lokale Usus erstmals im Okzident. Demnach führt Himerius, Bischof von Tarragona in Spanien, im Jahr 385 auf Geheiß Papst Siricius’ den römischen Taufritus für sein Territorium ein.[25] Dieser Papst gilt als erster, der liturgische Anweisungen außerhalb Roms erteilt. Mit wesentlich mehr Nachdruck tut dies Papst Innozenz I. Er nimmt

---

19 HAERING, *Liturgie und Recht*, 413.

20 Vgl. ACHELIS/ FLEMMING, *Die ältesten Quellen des orientalischen Kirchenrechts*, 45 und 59.

21 Vgl. STREWE, *Die Canonessammlung des Dionysius Exiguus in der ersten Redaktion*, 4 f.

22 Vgl. KONZIL VON NIZÄA, Kanon XX.

23 Vgl. KONZIL VON LAODIZEA, Kanon LIX.

24 Vgl. DH 101–102.

25 Vgl. DH 181–185.

z. B. im Brief an Decentius von Gubbio für sich das Recht in Anspruch, die Liturgie zu überwachen und zu ordnen und den römischen Usus den Kirchen des ganzen westlichen Mittelmeerraums aufzuerlegen.[26] Jedoch ist eher das Beispiel der römischen Kirche auschlaggebend als direkte Anweisungen seitens des Papstes. Das Recht zur Ordnung des Gottesdienstes bleibt bei den Ortsoberhirten für ihr Territorium und den Konzilien.

I.1.2 Entwicklung der päpstlichen Reservation im Mittelalter

Das frühe Mittelalter schafft eine Verfestigung der Riten und die Etablierung der Ritusfamilien um Konstantinopel und Rom. Gebetstexte ohne konziliäre oder bischöfliche Approbation finden in der amtlichen Liturgie kaum mehr Verwendung.

Das fünfte Jahrhundert ist geprägt vom Wunsch der Päpste, die Ordnung der Liturgie immer mehr an sich zu ziehen, um so eine Vereinheitlichung zu schaffen. Dies findet auch im heiligen Augustinus einen Unterstützer.[27] Vor allem die Päpste Coelestin I.[28] und Leo der Große[29] forcieren ihren Anspruch. Die Vereinheitlichung der Liturgie der Kirche wird schließlich auch vom zweiten Konzil von Braga (561)[30] gewünscht und von darauf folgenden Konzilien bestätigt. Die Liturgie der Diözese Rom als *caput ecclesiae* soll so um der Einheit willen normativen Charakter annehmen.

Papst Gregor dem Großen gelingt es, diesen Anspruch auch durchzusetzen, und er erreicht eine gewisse Rezeption seiner liturgischen Anweisungen. Er erlaubt und verbietet verschiedene liturgische Gebräuche in anderen Diözesen wie z. B. Ravenna[31] und Cagliari.[32] So entscheidet er in sensibler und kluger Weise über die Rechtmäßigkeit von lokalen Eigenheiten, die die Gewohnheit hervorgebracht hatte.[33] Am Beispiel seines Briefes an Augustinus von Canterbury lässt sich ablesen, dass er den römischen Ritus nicht

---

26 Vgl. INNOZENS I., Brief XXV.: *Decentio episcopo Eugubino.*

27 Vgl. AUGUSTINUS VON HIPPO, *Epistola ad inquisitiones Januarii,* Kapitel 19.

28 Vgl. COELESTIN I., Brief IV.: *Ad episcopos provinciae Viennensis et Narbonensis.*

29 Vgl. LEO I., Brief VI.: *Ad Anastasium Thessalonicensem episcopum,* Kapitel 6.

30 Vgl. ZWEITES KONZIL VON BRAGA, Kapitel 1 und 2.

31 Vgl. GREGOR I., Brief LVI.: *Ad Joannem episcopum.*

32 Vgl. DERS., Briefe IX. und XXVI.: *Ad Januarium episcopum.*

33 Zum Begriff der *consuetudo* siehe I.6.

dem ganzen Westen aufdrängen will, sondern den lokalen Riten auch ihre Berechtigung zuspricht.[34] Die Gewohnheit (*consuetudo*) als liturgierechtliche Instanz beginnt hier, an Wichtigkeit zuzunehmen.

Vor allem in Frankreich verbreitet sich der römische Gebrauch ab dem achten Jahrhundert mit ausdrücklichem Wohlwollen des Papstes Zacharias[35] immer stärker, nachdem das dritte Konzil von Vaison (529) schon die Übernahme des römischen Ritus für Frankreich angestoßen hatte.[36] Aus machtpolitischen Gründen sind die karolingischen Herrscher sehr daran interessiert, die römischen liturgischen Bücher und Riten im Reich verpflichtend einzuführen. Sie sehen in der Einheit der Kirche eine Chance zur Einheit ihres Herrschaftsgebietes.[37] Jedoch bleiben lokale Eigenheiten auch bestehen und beeinflussen ihrerseits die römischen Gebräuche. Die Päpste tun aber das ihrige, um eine größtmögliche liturgische Einheit herzustellen. So beeinflussen verschiedene Faktoren, wie „lokales Herkommen, römischer Einfluß, Weisungen der Bischöfe und Herrscher“[38], das damalige liturgische Recht, welches sich in den sogenannten *ordines* niederschlägt. Dies sind Zusammenstellungen verschiedener rubrikenartiger Anweisungen jedoch ohne amtliche Bestätigung. Die Sakramentare, deren Entstehung ebenfalls in diese Zeit (siebtes und achtes Jahrhundert) fällt, sind Bücher, die die Gebetstexte enthalten. Zusammen mit den Pontifikalien, „kleinere liturgische Quellensammlungen“[39], sind die Sakramentare und *ordines* in ihren Verbreitungsgebieten im Frankenreich „stilbildend für die Feier der Liturgie.“[40] Darüberhinaus gibt es auch in inoffiziellen kirchlichen Rechtssammlungen liturgische Abschnitte. Synoden und auch der Papst ordnen die Beibehaltung der lokalen Bräuche an.[41]

Erst mit der Reform Papst Gregors VII. im elften Jahrhundert geht auch von der Kirche die Vereinheitlichung der Liturgie aus. Jedoch wird den

---

34 Vgl. GREGOR I., Brief LXIV.: *Ad Augustinum Anglorum episcopum.*

35 Vgl. ZACHARIAS I., Brief XIII.: *Zachariae papae ad Bonifacium archiepiscopum.*

36 Vgl. DRITTES KONZIL VON VAISON, Kanon 1–5.

37 Vgl. HAERING, *Liturgie und Recht*, 414.

38 Ebd.

39 Ebd.

40 Ebd.

41 Vgl. Ebd.

Bischöfen weiterhin ihre Ordnungskompetenz zugestanden, sofern die Gebräuche nicht der Wahrheit entgegen stehen („usus, qui veritati est contrarius, abolendus."[42]).

Das für die Kirchenrechtswissenschaft grundlegende *Decretum Gratiani* aus dem 12. Jahrhundert enthält in seiner *pars* III, *De consecratione* liturgierechtliche Bestimmungen. Ebenso sind solche im *Liber* III, *Titulus* XLI–XLIX des von Papst Gregor IX. in Auftrag gegebenen *Liber extra* von 1234 enthalten. Beide sind Teile des *Corpus Iuris Canonici.*

Papst Alexander III. (1159–1181) reserviert dem Heiligen Stuhl die Selig- und Heiligsprechungsverfahren.[43]

I.1.3 Entwicklung der päpstlichen Reservation in der Neuzeit

In der Zeit des Großen Abendländischen Schismas (1378–1417) erlebt die Ausübung der liturgischen Ordnungskompetenz des Papstes und somit die Ausbreitung des römischen Ritus einen Tiefpunkt. Die Disziplin unter den Bischöfen und dem übrigen Klerus ist allgemein sehr schwach und so auch in den liturgischen Belangen.[44] So wuchern wieder lokale Eigenheiten und machen die Vereinheitlichungsbestrebungen zunichte. In Frankreich z. B. gibt es in dieser Zeit mehr Liturgien als Bistümer.[45] Die Bischöfe beanspruchen wieder selbst das Recht, für ihre Diözesen Riten zu approbieren bzw. Varianten der römischen Liturgie zuzulassen. Einige Bischöfe geben sogar wieder ganz neue Breviere heraus.[46]

Aufgrund immer weiter um sich greifender liturgischer Missbräuche entsteht dann aber bei den Bischöfen wiederum der Wunsch einer Vereinheitlichung, mit dem sie sich an den Papst wenden. So sieht sich das Konzil von Trient (1545–1563) nicht zuletzt auch, um sich gegen den erstarkenden Protestantismus zur Wehr zu setzen, dazu veranlasst, den Gottesdienst zu behandeln, zu ordnen bzw. zu vereinheitlichen und Missbräuche mit drakonischen Strafen zu belegen. Als Vorlage für die liturgischen Dekrete

---

42 Vgl. GREGOR VII., Brief LXIX.: *Gregorii VII epistola ad Wimundum episcopum Aversanum.*

43 Vgl. NOIROT, *Liturgique (droit)*, 544.

44 Vgl. ebd., 546.

45 Vgl. ebd.

46 Vgl. ebd.

dient ein Brief des Bischofs von Wien, Friedrich Nausea, den er am Vorabend des Konzils nach Rom sendet.[47] Insbesondere wird die päpstliche Herausgabe eines für die ganze lateinische Kirche verbindlichen Messbuchs und Breviers beschlossen. Dies ist der für die stetig voranschreitende Zentralisierung der liturgischen Gesetzgebung vorläufige Höhepunkt. Schließlich promulgiert Papst Pius V. 1568 das *Braviarum romanum*[48] und 1570 das *Missale romanum*[49]. Die Verbindlichkeit dieser liturgischen Bücher erstreckt sich über die ganze lateinische Kirche, ausgenommen Diözesan- oder Ordensriten, die älter als 200 Jahre sind. In diesem Falle gibt es die Wahlfreiheit zwischen Eigenritus oder römischem Ritus. Den Bischöfen und Regionalkonzilien ist es hiermit strikt untersagt, ohne die ausdrückliche Billigung des Heiligen Stuhles etwas in den römischen liturgischen Büchern zu verändern.[50]

Zur Umsetzung der tridentinischen Beschlüsse sieht sich Papst Sixtus V. in der Pflicht, die römische Kurie umzustrukturieren. Er gründet 1588 im Sinne der Zentralisierung der Ordnung der Liturgie die Kongregation für die heiligen Riten und Zeremonien[51], welche die übrigen wichtigen liturgischen Bücher wie *Pontificale romanum*[52], *Rituale romanum*[53] und *Caeremoniale episcoporum*[54] vorbereitet.[55]

Das *Pontificale romanum* sowie das *Martyrologium romanum*[56] lassen an sich keine Beibehaltung älterer Gebräuche zu, wohingegen das *Caeremoniale episcoporum* darin großzügiger ist, sodass keine anerkennenswerten eigene Gewohnheiten, die mindestens 60 Jahre alt sind, verboten werden, sofern sie dem Heiligen Stuhl zur Prüfung vorgelegt werden.[57]

Ebenso verhält es sich mit der Verbindlichkeit des *Rituale romanum*, das nicht zwingend allen Teilkirchen auferlegt wird, sondern nur, wenn sie nach

---

47 Vgl. ebd., 547.
48 Vgl. PIUS V., Bulle: *Quod a nobis* (1568).
49 Vgl. DERS., Bulle: *Quo primum* (1570).
50 Vgl. ebd.
51 Vgl. SIXTUS V., Bulle: *Immensa Aeterni Dei* (1588).
52 Vgl. CLEMENS VIII., Breve: *Ex quo Ecclesia* (1596).
53 Vgl. PAUL V., Apostolisches Schreiben: *Apostolicae Sedi* (1614).
54 Vgl. CLEMENS VIII., Breve: *Cum novissime* (1600).
55 Zur Geschichte dieses Dikasteriums: siehe I.2.7.
56 Vgl. GREGOR XIII., Breve: *Emendato iam* (1584).
57 Vgl. CLEMENS VIII., Breve: *Cum novissime* (1600).

freiem Ermessen ihr Diözesanrituale, welches sich nicht substanziell vom römischen unterscheiden darf, abschaffen wollen, was der Heilige Stuhl begrüßt. Für neu gegründete Diözesen jedoch ist das römische Rituale verpflichtend.[58]

Mit der Gründung der Ritenkongregation im Jahre 1588 verlieren die Diözesanbischöfe endgültig die liturgischen Ordnungskompetenzen, denn nun gibt es ein Dikasterium der römischen Kurie, an das man sich in Zweifelsfällen zu wenden hat.

Die Zentralisierung stößt jedoch bald auf Widerstand. Im 17. und 18. Jahrhundert entsteht in Frankreich der Gallikanismus, im Zuge dessen die Bischöfe eigene liturgische Bücher herausgeben, die sie dem König zur Approbation vorlegen.[59] Auch in Deutschland berufen sich die Bischöfe im Zuge des Febronianismus auf eigene Kompetenzen in der Ordnung der Liturgie.[60] In Österreich werden die päpstlichen Vorrechte durch den Josephinismus verletzt und die Synode von Pistoia (1786) versucht ebenfalls in die Liturgie einzugreifen, indem sie z. B. die Volkssprache favorisiert.[61] Papst Pius VI. verurteilt die Thesen jener Synode.[62]

Der Heiligen Stuhl duldet die Eigenmächtigkeiten, die die französischen und deutschen Bischöfe in dieser Zeit anordnen, um Schlimmeres abzuwenden das Heil der Seelen im Blick haltend.[63]

Im 19. Jahrhundert jedoch setzt sich durch Papst Gregor XVI. die ausschließliche Ordungskompetenz des Apostolischen Stuhles durch, wenngleich es zu den römischen Büchern diözesane Anhänge gibt.[64] In Frankreich kommen sogar wieder gallikanische Eigenheiten auf, die aber vom Papst approbiert werden.[65] Mitte des 19. Jahrhunderts werden die Dekrete der Ritenkongregation auch in Detailfragen wieder strenger.[66] Der römische Ritus soll überall wieder voll hergestellt werden.

58 Vgl. PAUL V., Apostolisches Schreiben: *Apostolicae Sedi* (1614).
59 Vgl. NOIROT, *Liturgique (droit)*, 551 f.
60 Vgl. ebd.
61 SYNODE VON PISTOIA, *Decreto della eucaristia*, VI.
62 Vgl. PIUS VI., Bulle: *Auctorem fidei* (1794), Nr. 33.
63 Vgl. NOIROT, *Liturgique (droit)*, 552 f.
64 Vgl. HAERING, *Liturgie und Recht*, 416.
65 Vgl. PIUS VII., Bulle: *Qui Christi Domini* (1801).
66 Vgl. NOIROT, *Liturgique (droit)*, 556.

Die Geschichte der „römischen Zentralisierung der Kompetenz für die Liturgie“[67] findet schließlich in can. 1257, *CIC/1917* ihr vorläufiges Ziel.

Das Zweite Vatikanische Konzil bestimmt in seiner Konstitution über die heilige Liturgie *Sacrosanctum Concilium* die Kompetenz auch wieder auf die Diözesanbischöfe auszuweiten[68], was dann im *CIC/1983* fast wörtlich übernommen wurde[69].

I.2 Kongregationen

I.2.1 Kongregation des Heiligen Offiziums

Als Hilfsorgane sind verschiedene Dikasterien der römischen Kurie mit der Sorge um die Ordnung der Liturgie betraut. Zum einen das Heilige Offizium, welches über alle Dinge die Glaubenslehre betreffend befindet.[70] Zuweilen aber wendet sie sich auch der liturgischen Disziplin und Randbereichen der Liturgie, z.B. der Kunst zu.[71] Außerdem fallen in ihre Zuständigkeit die Bestimmungen über die eucharistische Nüchternheit des Zelebranten[72] und damit über die Abendmessen, sowie in erster Instanz die Zulassung von Landessprachen in der Messe.[73]

Papst Paul III. gründet 1532 die Kongregation des Heiligen Offiziums, um die Gefahren des Protestantismus für die Kirche abzuwehren und den katholischen Glauben zu schützen.[74] Er bestellt sechs Kardinäle als ständiges Inquisitionstribunal und stattet die Kongregation mit der Befugnis aus, immer und überall gegen jedwede Irrlehre zu ermitteln. Hiermit reagiert

67 HAERING, *Liturgie und Recht*, 415.

68 Vgl. ZWEITES VATIKANISCHES KONZIL, Konstitution: *Sacrosanctum Concilium*, Nr. 22.

69 Vgl. can. 838, § 1, *CIC/1983*: „Sacrae liturgiae moderatio ab Ecclesiae auctoritate unice pendet: quae quidem est penes Apostolicam Sedem et, ad normam iuris, penes Episcopum dioecesanum.“

70 Vgl. can. 247, § 1, *CIC/1917*: „Congregatio S. Officii, cui ipse Summus Pontifex praeest, tutatur doctrinam fidei et morum.“

71 Vgl. KONGREGATION DES HEILIGEN OFFIZIUMS, Instruktion: *Sacrae artis* (1952).

72 Vgl. can. 247, § 5, *CIC/1917*: „Ipsa una competens est circa ea omnia quae ieiunium eucharisticum pro sacerdotibus Missam celebrantibus respiciunt.“

73 Vgl. MARTIMORT, *Handbuch der Liturgiewissenschaft*, 80.

74 Vgl. PAUL III., Bulle: *Licet ab initio* (1542).

der Papst mit einem Akt der Zentralisation auf die Verstaatlichung der verschiedenen nationalen Inquisitionstribunale, besonders der spanischen Inquisition, welche sich seit dem 12. Jahrhundert bildet.

Papst Julius III. bekräftigt die Unabhängigkeit von jedwedem staatlichen Einfluss, indem er die Ausschließlichkeit der Zuständigkeit des römischen Inquisitionstribunals in Erinnerung ruft, ohne jedoch den Bischöfen ihr Recht zu beschneiden, denen er aber ausdrücklich verbietet, die staatliche Macht hinzuzuziehen.[75]

Wenig später weitet sich der Zuständigkeitsbereich der Kongregation von der Ermittlung und Bekämpfung von Irrlehren auf moralische Bereiche, wie z. B. Sodomie, Prostitution oder Simonie aus. Damit wird auch der Personalbedarf größer, sodass Papst Paul IV. die Nummer der Kardinalinquisitoren von sechs auf acht und später auf 15 erhöht. Papst Pius IV. aber nimmt diese Entwicklung wieder zurück[76] und reduziert die Kardinalinquisitoren wieder auf acht bzw. neun, denen er die Erlaubnis gibt, häretische bzw. verbotene Bücher zu lesen.[77]

Papst Pius V. wertet die Behörde gegenüber anderen kurialen Dikasterien auf, indem er die Gültigkeit ihrer Entscheide nur noch vom Votum zweier anstatt wie üblich von drei Kardinälen abhängig macht.[78]

1588 reformiert Papst Sixtus V. die ganze römische Kurie, belässt jedoch die *Congregatio sanctae Inquisitionis haereticae pravitatis*, wie sie nunmehr offiziell genannt wird, wie sie war mit ihren Aufgaben, gegen die Irrlehren zu kämpfen, und erhebt sie an die Spitze aller anderen Kongregationen.[79] Ihre Macht weitet er aus, indem er ihr die Jurisdiktion über den gesamten Erdkreis in allen Belangen, die sich gegen den Glauben richten, erteilt. Zusätzlich stattet er sie mit der Befugnis aus, vom Ehehindernis der Konfessionsverschiedenheit zu dispensieren und das Privilegium Paulinum anzuwenden, Bücher zu zensieren und zu verbieten. Außerdem unterstellt er ihr alle Bereiche, die eng mit

75 Vgl. JULIUS III., Bulle: *Licet a diversis* (1551).
76 Vgl. PIUS IV., Bulle: *Pastoralis officii munus* (1562).
77 Vgl. DERS., Motu Proprio: *Cum inter crimina* (1564).
78 Vgl. PIUS V., Bulle: *Cum felicis recordationis* (1571).
79 Vgl. SIXTUS V., Bulle: *Immensa aeterni Dei* (1588).

dem Glauben verbunden sind, wie *sollicitatio ad turpia*[80], Ordensgelübde, die Heiligung der Feste und Fast- und Abstinenzregelungen.

Im Laufe der Zeit werden die Kompetenzen des Heiligen Offiziums immer mehr ausgeweitet. So überträgt ihr Papst Pius X. die Examinierung der Bischofskandidaten.[81] Durch die Kurienreform[82] desselben Papstes werden hingegen wieder verschiedene Kompetenzen ausgelagert. So alles, was mit den kirchlichen Gesetzen zusammenhängt an die Konzilskongregation, die Bischofsernennungen an die Konsistorialkongregation und die Dispens von Ordensgelübden an die Religiosenkongregation. Das Ablasswesen hingegen wird an das Heilige Offizium angeschlossen, bis Papst Benedikt XV. es der Apostolischen Pönitentiarie überträgt und die Indexkongregation in eine Sektion des Heiligen Offiziums verwandelt.[83]

Am 7. Dezember 1965 ändert Papst Paul VI. den Namen des Heiligen Offiziums in Kongregation für die Glaubenslehre (*Congregatio pro doctrina fidei*).[84]

In seiner Kurienreform[85] behält Papst Paul VI. die Kompetenzen der Glaubenskongregation bei, verlangt aber eine moderatere und der Zeit angepasste Vorgehensweise.

I.2.2 Sakramentenkongregation[86]

Die Sakramentenkongregation hat die Aufgabe, über die Sakramentendisziplin zu wachen, und zwar als Judikative, Exekutive und Legislative.[87]

---

80 Die Absolution eines Mittäters an einer Sünde gegen das sechste Gebot.

81 Vgl. PIUS X., Motu Proprio: *Romanis Pontificibus* (1903).

82 Vgl. DERS., Apostolische Konstitution: *Sapienti consilio* (1908).

83 Vgl. BENEDIKT XV., Motu Proprio: *Alloquentes* (1917).

84 Vgl. PAUL VI., Motu Proprio: *Integrae servandae* (1965).

85 Vgl. DERS., Apostolische Konstitution: *Regimini Ecclesiae universae* (1967).

86 Siehe I.2.7.

87 Vgl. can. 249, *CIC/1917*: „§1. Congregationi de disciplina Sacramentorum proposita est universa legislatio circa disciplinam septem Sacramentorum, incolumi iure Congregationis S. Officii circa ea quae in can. 247 statuta sunt, et Sacrorum Rituum Congregationis circa ritus et caeremonias quae in Sacramentis conficiendis, ministrandis et recipiendis servari debent.
§2. Ad illam itaque spectant ea omnia, quae decerni concedique solent tum in disciplina matrimonii, tum in disciplina aliorum Sacramentorum nec non in celebratione Sacrificii Eucharistici, iis tantum exceptis quae aliis Congregationibus reservata sunt.

So ist es an ihr, besonders für das Ehesakrament aber auch alle anderen Sarkramente und die Zelebration der Messe disziplinarische Entscheidungen und Zugeständnisse zu machen, sofern sie nicht anderen Kongregationen vorbehalten sind. Hier ist exemplarisch zu nennen die Heilung in der Wurzel der Ehe, die Legitimation von Bastarden oder die Dispens in Bezug auf Ort, Zeit und Bedigungen zum Kommunionempfang.[88] Besonders sind ihr auch die Inkonsummationsverfahren anvertraut, sowie die Fragen um die Gültigkeit der Ehe und der Weihe.

I.2.3 Kongregation für die orientalische Kirche

Papst Gregor XIII. gründet im Jahre 1573 ein Vorläuferdikasterium, das zur Aufgabe hat, den Orden des Heiligen Basilius zu reformieren, für die Belange der Christen des byzantinischen Ritus Sorge zu tragen und die Rückkehr der nicht unierten Orientalen zur katholischen Kirche zu fördern. Es nennt sich *Congregatio de rebus Graecorum* oder einfach nur *Graeca*.[89]

Wenig später nach dem Tod Papst Gregor XIII. im Jahre 1585 wird die *Graeca* wieder aufgelöst und ihre Kompetenzen der 1599 durch Papst Clemens VIII. gegründeten *Congregatio super negotiis fidei et religionis catholicae* zugesprochen, die eine frühe Form der Propaganda Fide darstellt.

Papst Urban VIII. gründet 1627 aber bereits wieder die *Congregatio super dubiis Orientalium*, die disziplinarische Angelegenheiten behandelt, und eine Kongregation, die mit der Korrektur der liturgischen Bücher der Orientalen betraut ist.

---

§3. Ipsa cognoscit quoque et exclusive de facto inconsummationis matrimonii et de exsistentia causarum ad dispensationem concedendam, nec non de iis omnibus, quae cum his sunt connexa. Potest tamen cognitionem horum omnium, si id expedire iudicaverit, ad Sacram Romanam Rotam remittere. Pariter ad eam deferri possunt quaestiones de validitate matrimonii, quas tamen, si accuratiorem disquisitionem aut investigationem exigant, ad tribunal competens remittat. Eodem modo ad ipsam pertinet videre de obligationibus ordinibus maioribus adnexis, atque examinare quaestiones de ipsa validitate sacrae ordinationis, aut eas ad tribunal competens remittere. Et ita porro de aliis Sacramentis."

88 Vgl. PIUS X., Apostolische Konstitution: *Sapienti consilio* (1908), 3°, Nr. 2.

89 Vgl. DEL RE, *La curia romana*, 108.

1862 errichtet Papst Pius IX. in der Heiligen Kongregation *de propaganda fide* die Sektion *pro negotiis ritus orientalis*.[90]

Papst Benedikt XV. erhebt sie 1917 zu einem selbständigen Dikasterium, das den Namen *S. Congregatio pro Ecclesia Orientali* (Hl. Kongregation für die Orientalische Kirche) tragen soll.[91]

Papst Paul VI. ändert ihren Namen 1967 in *Congregatio pro Ecclesiis Orientalibus* (Kongregation für die Orientalischen Kirchen).[92]

Papst Johannes Paul II. weist ihr in auch weiterhin umfassende Kompetenzen zu.[93]

Diese Kongregation ist dazu beauftragt, die Rechte der orientalischen Kirchen und ihrer Traditionen und Gebräuche zu sichern.

So ist sie mit allen Belangen der östlichen Liturgien betraut.[94] Sie fungiert also ähnlich wie die Ritenkongregation für den armenischen, den äthiopischen, den byzantinischen, den chaldäischen, den koptischen, den malabarischen, den maronitischen, den melkitischen, den ruthenischen, den syrisch-antiochenischen und den syro-malankarischen Ritus.

I.2.4 Propaganda Fide und Religiosenkongregation

Die Kongregation für die Verbreitung des Glaubens hat die Kompetenz, in den ihr zugeordneten Territorien „gewisse liturgische Privilegien und

---

90 Vgl. PIUS IX., Apostolische Konstitution: *Romani Pontifices* (1862).

91 Vgl. BENEDIKT XV., Motu Proprio: *Dei Providentis* (1917).

92 Vgl. PAUL VI., Apostolische Konstitution: *Regimini Ecclesiae Universae* (1967).

93 Vgl. JOHANNES PAUL II., Apostolische Konstitution: *Pastor bonus* (1988), Art. 58.

94 Vgl. can. 257, *CIC/1917*: „§1. Congregationi pro Ecclesia Orientali praeest ipse Romanus Pontifex. Huic Congregationi reservantur omnia cuiusque generis negotia quae sive ad personas, sive ad disciplinam, sive ad ritus Ecclesiarum orientalium reteruntur, etiamsi sint mixta, quae scilicet sive rei sive personarum ratione latinos quoque attingant.
§2. Quare pro Ecclesiis ritus orientalis haec Congregatio omnibus facultatibus potitur, quas aliae Congregationes pro Ecclesiis ritus latini obtinent, incolumi tamen iure Congregationis S. Officii ad normam can. 247.
§3. Haec Congregatio controversias dirimit via disciplinari; quas vero ordine iudiciario dirimendas iudicaverit, ad tribunal remittet quod ipsa Congregatio designaverit."

Dispensen [zu] gewähren"[95].[96] Dies betrifft besonders die Zulassung zu den Weihen oder Eheangelegenheiten. Ebenso entscheidet sie über bestimmte generelle Fragen zur Disziplin betreffend die Riten, die sich in Missionsgebieten gesondert stellen. Außerdem ist sie mit der Zelebration von entsprechenden Provinzialkonzilien betraut.

Sie wird 1622 von Papst Gregor XV. gegründet und in den Jahren danach bis 1627 von demselben Papst auch immer wieder kleinen Veränderungen unterzogen.[97]

Die Hauptaufgabe dieser Kongregation besteht darin, den Glauben auf der ganzen Welt zu verbreiten. Alle kirchlichen Anstrengungen zur Mission unterliegen in ihrer Koordination und Führung ihrer besonderen Verantwortung. So ist es an ihr, über die Priesterausbildung und die kirchliche Hierarchie zu wachen, Missionsinstitute zu betreuen und auch die finanziellen Mittel für die Mission zur Verfügung zu stellen.

Die Propaganda Fide übt in Vertretung des Papstes und des Apostolischen Stuhles die ordentliche Jurisdiktion in den Missionsgebieten und über die

---

95 MARTIMORT, *Handbuch der Liturgiewissenschaft*, 81.

96 Vgl. can. 252, *CIC/1917*: „§1. Congregatio de Propaganda Fide missionibus ad praedicandum Evangelium et catholicam doctrinam praeest, ministros necessarios constituit et mutat, facultatemque habet tractandi, agendi et exsequendi omnia hac in re necessaria et opportuna.
§2. Curat ea omnia quae ad Conciliorum celebrationem in locis sibi subiectis pertinent.
§3. Eius iurisdictio iis est circumscripta regionibus, ubi, sacra hierarchia nondum constituta, status missionis perseverat. Huic Congregationi sunt etiam subiectae regiones, quae, etsi hierarchia inibi constituta sit, adhuc inchoatum aliquid praeseferunt. Eidem pariter subsunt societates ecclesiasticorum ac Seminaria quae exclusive fundata sunt eo fine, ut in eis instituantur missionarii pro exteris missionibus, praesertim quod attinet ad eorum regulas, administrationem atque opportunas concessiones ad sacram ordinationem alumnorum requisitas.
§4. Haec autem Congregatio tenetur ad competentes Congregationes deferre negotia quae aut fidem attingunt, aut causas matrimoniales, aut generales normas circa sacrorum rituum disciplinam tradendas vel interpretandas.
§5. Quod vero spectat ad sodales religiosos, eadem Congregatio sibi vindicat quidquid religiosos qua missionarios, sive uti singulos sive simul sumptos, tangit. Quidquid vero religiosos qua tales, sive uti singulos sive simul sumptos attingit, ad Congregationem religiosorum negotiis praepositam remittat aut relinquat."

97 GREGOR XV., Bulle: *Inscrutabili divinae rovidnetiae* (1622); DERS., Bulle: *Romanum decet Pontificem* (1622) und DERS., Bulle: *Cum inter multiplices* (1622).

Missionsinstitute aus, was nach Maßgabe des Rechts auch den liturgischen Bereich einschließt.

Papst Sixtus V. gründet am 21. Mai 1586 die *Sacra Congregatio super consultationibus regularium* und bestätigt diese 1588.[98] Im Jahre 1601 wird sie mit der *Congregatio pro consultationibus episcoporum et aliorum praelatorum* zusammengelegt. 1908 macht Papst Pius X. das aber wieder rückgängig.[99]

Die Religiosenkongregation übt ihre Autorität über alle Männer- und Frauenorden aus, sofern sie nicht Missionsinstitute darstellen. Deshalb steht es ihr auch zu, liturgische Dispensen und Privilegien zu gewähren, womit sie in geringem Masse auch eine liturgische Kompetenz besitzt.[100]

I.2.5 Konzilskongregation

Die Konzilskongregation hat insofern liturgische Kompetenzen, dass ihr die Messverpflichtungen von Klerikern bzw. Benefiziaten und der seltene Fall der Zelebration eines Konzils untergeordnet sind.[101]

---

98 Vgl. SIXTUS V., Konstitution: *Immensa aeterni Dei* (1588).

99 Vgl. PIUS X., Apostolische Konstitution: *Sapienti consilio* (1908).

100 Vgl. can. 251, *CIC/1917*: „§1. Congregatio negotiis religiosorum sodalium praeposita ea sibi exclusive vindicat quae respiciunt regimen, disciplinam, studia, bona et privilegia religiosorum sodalium utriusque sexus tum sollemnibus tum simplicibus votis adstrictorum, eorumque qui, quamvis sine votis, in communi tamen vitam agunt more religiosorum, itemque tertiorum Ordinum saecularium, incolumi iure Congregationis de Prop. Fide.
§2. Quapropter, quaestionibus ordine iudiciario tractandis ad tribunal competens remissis et incolumi semper iure Congregationis S. Offieii et Congregationis Concilii circa negotia ad ipsas spectantia, haec Congregatio quaestiones omnes suae competentiae in linea disciplinari dirimit; sed si quaestio vertatur inter religiosum sodalem et personam non religiosam, ipsa, praesertim ad instantiam partis, potest quoque, si aequum iudicaverit, eandem quaestionem ad aliam Congregationem aut tribunal remittere.
§3. Huic denique Congregationi reservatur concessio dispensationum a iure communi pro sodalibus religiosis, firmo praescripto can. 247, §5."

101 Vgl. can. 250, *CIC/1917*: „§1. Congregationi Concilii ea pars negotiorum est commissa, quae ad universam disciplinam cleri saecularis populique christiani refertur.
§2. Quamobrem ipsius est curare ut christianae vitae praecepta serventur, cum facultate opportune ab eisdem fideles dispensandi; moderari quae parochos et canonicos spectant; aut quae pias sodalitates, pias uniones (etiamsi dependeant

Sie wird von Papst Pius IV. im Jahre 1564[102] errichtet, um die Beschlüsse des Konzils von Trient auszuführen. Papst Pius V. erweitert die Befugnisse der Kongregation, indem er ihr überträgt, die Disziplinargesetze des Konzils auszulegen und Streitigkeiten zu entscheiden. Papst Sixtus V. bekräftigt diese Kompetenz mit seiner Kurienreform, reserviert sich aber strittige Fragen. Weiters bevollmächtigt er die Kongregation mit der Überwachung des vom tridentinischen Konzil festgelegten drei Jahres Turnus von Provinzialkonzilien und mit der Prüfung deren Beschlüsse. Die Ortsordinarien sollen bei ihren Ad-limina-Besuchen der Konzilskongregation ihre Anliegen mitteilen, die dann entweder selbst darüber entscheidet oder bei schwereren Fällen dem Papst vorträgt. Außerdem ist der Kongregation die Förderung der Reformation des Klerus und des Volkes im Geiste des Tridentinums anvertraut.

Sie wird im Zuge der Kurienreform Pauls VI. 1967 in Kleruskongregation umbenannt.

I.2.6 Zeremonienkongregation

Speziell für päpstliche liturgische Belange und Funktionen, sowie für die der Kardinäle, ist die Zeremonienkongregation zuständig.[103]

---

a religiosis vel erectae sint in eorum ecclesiis seu domibus), pia legata, pia opera, Missarum stipes, beneficia aut officia, bona ecclesiastica, mobilia et immobilia, tributa dioecesana, taxas Curiarum episcopalium aliaque huiusmodi attingunt. Eidem reservata est facultas eximendi a conditionibus requisitis ad assecutionem beneficiorum, quoties ad Ordinarios eorum collatio spectat; admittendi ad compositionem eos qui occuparunt bona ecclesiastica, etiam pertinentia ad religiosos; permittendi ut fideles acquirant bona ecclesiastica, a potestate civili usurpata.
§3. Videt quoque de iis omnibus, quae ad immunitatem ecclesiasticam pertinent, itemque de controversiis circa praecedentiam, salvo iure Congregationis de sodalibus religiosis et Congregationis Caeremonialis.
§4. Ad eandem pertinent ea omnia quae ad Conciliorum celebrationem et recognitionem atque ad Episcoporum coetus seu conferentias referuntur, extra loca quae subsunt Congregationi de Prop. Fide.
§5. Est autem haec Congregatio competens in omnibus controversiis negotia eidem commissa spectantibus, quas in linea disciplinari pertractandas censuerit; cetera ad tribunal competens sunt deferenda."

102 Vgl. PIUS IV., Motu Proprio: *Alias nos* (1564).

103 Vgl. can. 254, *CIC/1917*: „Ad Congregationem Caeremonialem pertinet moderatio caeremoniarum in Sacello Aulaque Pontificali servandarum et sacrarum functionum quas Patres Cardinales extra pontificale sacellum peragunt; itemque

Sie tritt als solche erst nach der Kurienreform Sixtus V. im Jahre 1588 auf.

Die Zeremonienkongregation kümmert sich in erster Linie um die päpstlichen Zeremonien und die Funktionen, die die Kardinäle darin ausführen. Außerdem ist es die Aufgabe der Kongregation, das päpstliche Hofzeremoniell zu regeln und Präzedenzfragen zu lösen.

Papst Paul VI. beendet durch seine Kurienreform 1967 die Arbeit der Kongregation.

I.2.7 Ritenkongregation

Als wichtigste Kongregation in Bezug auf die liturgische Gesetzgebung im engeren Sinne, d.h. betreffend die rein liturgischen Fragen[104], fungiert der Natur der Sache nach die Ritenkongregation, die dazu beiträgt, „dem liturgischen Leben der Kirche ein juridisches und rubrizistisches Gepräge zu vermitteln."[105] Nachzuschlagen sind ihre Entscheidungen meist kasuistischen Charakters in den *Decreta authentica Congregationis Sacrorum Rituum*. Papst Leo XIII. veranlasst 1898 die Zusammenstellung aller Dekrete, Reskripte und Erklärungen der Kongregation. Die ersten drei Volumen enthalten 4051 Dekrete.[106]

In ihrer Geschichte hat sie verschiedene Namen und Zuständigkeitsbereiche bis hin zu den Heiligsprechungsprozessen.[107] Bei ihrer Gründung im Jahre

---

eadem Congregatio cognoscit quaestiones de praecedentia tum Patrum Cardinalium tum Legatorum quos variae Nationes ad Sanctam Sedem mittunt."

104 Vgl. can. 253, *CIC/1917*: „§1. Congregatio Sacrorum Rituum ius habet videndi et statuendi ea omnia quae sacros ritus et caeremonias Ecclesiae Latinae proxime spectant, non autem quae latius ad sacros ritus referuntur, cuiusmodi sunt praecedentiae iura aliaque id genus, de quibus sive servato ordine iudiciario sive in linea disciplinari disceptetur.
§2. Eius proinde est praesertim advigilare, ut sacri ritus ac caeremoniae diligenter serventur in Sacro celebrando, in Sacramentis administrandis, in divinis officiis persolvendis, in iis denique omnibus quae Ecclesiae Latinae cultum respiciunt; dispensationes concedere opportunas; insignia et honoris privilegia tam personalia et ad tempus, quam localia et perpetua, quae ad sacros ritus vel caeremonias pertineant, elargiri, et cavere ne in haec abusus irrepant.
§3. Denique ea omnia agit quae ad beatificationem et canonizationem Servorum Dei vel ad sacras reliquias quoquo modo referuntur."

105 HAERING, *Liturgie und Recht*, 415.

106 Vgl. HEILIGE RITENKONGREGATION, *Decreta authentica*, Bd. III, 375.

107 Vgl. HUELS, *Liturgy and Law*, 40.

1588 durch Papst Sixtus V. trägt sie den Namen Kongregation für heilige Riten und Zeremonien, *Congregatio pro sacris ritibus et caeremoniis.*[108] 1563 wird sie bereits in die Kongregation für heilige Riten und die Zeremonienkongregation, *Congregatio caeremonialis,* welche für die Zeremonien der päpstlichen Kapelle und der Kardinäle zuständig ist, aufgeteilt.[109]

Im Jahre 1908 strukturiert Papst Pius X. die römische Kurie neu und errichtet die Kongregation für die Disziplin der Sakramente und fasst damit die Kompetenzen über die Sakramentendisziplin in eine Kongregation zusammen, die vorher von fünf verschiedenen Dikasterien wahrgenommen wurden.[110] Die Kongregation für die heiligen Riten hingegen erhält zusätzlich zu ihren Kompetenzen über die Liturgie und die Heiligsprechungsverfahren die Zuständigkeit über die heiligen Reliquien. Diese Einteilung findet Eingang in den *CIC/1917.*[111]

Erst durch die Kurienreform Papst Pauls VI. im Jahre 1967[112] erhält die Kongregation für die heiligen Riten offiziell den Namen Heilige

---

108 Vgl. SIXTUS V., Bulle: *Immensa Aeterni Dei* (1588).

109 Vgl. PIUS IV., Breve: *Licet* (1563).

110 Vgl. PIUS X., Apostolische Konstitution: *Sapienti consilio* (1908), Nr. 3°.

111 Vgl. can. 249 und 253, *CIC/1917.* Text abgedruckt Anm. 86 und 102.

112 Vgl. PAUL VI., Apostolische Konstitution: *Regimini ecclesiae universae* (1967), Nr. 58–64: „58. Sacra Congregatio Rituum competentiam habet in omnia quae cultum divinum directe et proxime respiciunt in Ritu romano ceterisque Ritibus latinis, firma competentia aliorum Dicasteriorum quoad ea quae vel doctrinam vel disciplinam attingunt, vel ordinem iudicialem requirunt.
59. Item ea omnia agit quae ad beatificationem et canonizationem Servorum Dei vel ad sacras reliquias quoquo modo referuntur.
60. Congregatio, cui praeest Cardinalis Praefectus, iuvante Secretario, in duplicem dispescitur sectionem: liturgicam seu de cultu, et iudicialem seu de causis Servorum Dei.
Sectio I
61. § 1. SECTIO CULTUS, quae sua habet Membra suosque Consultores, omnia complectitur ad cultum spectantia, tam liturgicum quam non liturgicum, eique immediate praeficitur Subsecretarius.
§ 2. Sectio haec in tria partitur officia:
1° Per OFFICIUM, PRIMUM: incumbit in ordinandum cultum divinum liturgicum sub ratione pastorali et rituali.
2° Per OFFICIUM SECUNDUM: rationes fovet cum Conferentiis Episcopalibus et Institutis liturgicis; notitias de vita liturgica in Ecclesia atque scripta de re liturgica edita colligit et perpendit; firmis muneribus, donec instauratio liturgica

Ritenkongregation (*Sacra Congregatio Rituum*), nachdem sie vorher auch schon so genannt wurde, unbeschadet der Kompetenzen nach dem Recht des *CIC/1917*. So teilt sie sich demnach in eine erste und in eine zweite

---

perficiatur, Consilii ad exsequendam Constitutionem Concilii Vaticani II de sacra Liturgia.
3° Per OFFICIUM TERTIUM: seu de cultu non liturgico, curat de piis sacrisque populi christiani exercitiis, salva competentia S. Congregationis pro Doctrina Fidei.
§ 3. Haec Sectio iuvatur tum a suo Coetu Consultorum, undique gentium, inter peritissimos re liturgica eligendorum a Summo Pontifice, tum a Commissionibus pro quaestionibus difficilioribus investigandis.
§ 4. In libros liturgicos emendandos et instaurationem liturgicam absolvendam incumbit Consilium ad exsequendam Constitutionem Concilii Vaticani II de sacra Liturgia cuius tamen conclusiones definitivae subiciendae sunt Congregationi Plenariae huius Sectionis.
Consultores praeterea huius Consilii eo ipso Periti sunt S. Rituum Congregationis.
Sectio II
62. § 1. SECTIO IUDICIALIS, seu de causis Servorum Dei, sub Secretarii ductu et Auditoris Generalis immediata directione, ea praestat quae spectant sive ad moderandos processus beatificationis et canonizationis Servorum Dei, etiam ad ritus orientales pertinentium, sive ad sacras reliquias.
§ 2. Sectio haec iudicialis in triplicem subsectionem partitur, assignato unicuique a Summo Pontifice congruo numero Patrum Cardinalium et Consultorum.
1° SUBSECTIO PRIMA: moderante Auditore Generali cognoscit supplices libellos pro causarum introductione; normas tradit ad processus canonicos instruendos; peractae instructionis acta perpendit; supplementa instructoriae, si casus ferat, praecipit; videt – praesertim – de opportunitate introductionis causae, auditis semper saltem tribus Consultoribus, et perpenso voto Promotoris Generalis fidei. Decisio autem ferenda est a coetu Patrum Cardinalium, huic negotio praeposito. Eadem subsectio videt quoque de dubiis minoribus, de validitate actorum deque incidentibus.
2° SUBSECTIO ALTERA: quae constat certo Consultorum numero, quasi iudicum munere fungentium, moderante Auditore Generali et praesentibus votumque ferentibus, praeter Consultores praedictos, Praelatis Officialibus, Promotore Generali fidei et Subpromotore, atque Relatore Generali, videt de scriptis Servorum Dei, de eorundem virtutibus in gradu heroico, aut de martyrio, aut de antiquo cultu.
Conventus decisio, rationibus innixa et ab omnibus subscripta, una cum scriptis singulorum suffragiis, animadversionibus Promotoris Generalis fidei et patroni responsionibus, semper ab Auditore Generali transmittenda est ad coetum Patrum Cardinalium, huic subsectioni assignatorum, qui, Praeside Cardinali Praefecto, et

Sektion, wobei die erste Sektion für die Belange des Kultes an sich, die zweite Sektion für die Heiligsprechungsverfahren zuständig sind. Im Zuge des Zweiten Vatikanischen Konzils besitzt die Heilige Ritenkongregation

---

adsistente Secretario Congregationis, decernit utrum ad ulteriora procedi possit an novam praeparatoriam instruere oporteat, an vero causa sit reponenda.
3° SUBSECTIO TERTIA: certo Consultorum numero constans, a Consultoribus de quibus sub § 2, 2° distinctorum, moderante Praelato Secretario Congregationis et praesentibus ac suffragium ferentibus Auditore Generali, Praelatis Officialibus, Promotore et Subpromotore Generali fidei atque Relatore Generali, praehabita medicorum relatione, visis animadversionibus Promotoris Generalis fidei et responsionibus patronorum, cognoscit de miraculis intercessione Servi Dei patratis.
Decisio, iisdem modis in § 2, 2° statutis, subiicienda est coetui Patrum Cardinalium huius subsectionis.
§ 3. De decisionibus a Patribus Cardinalibus in tribus subsectionibus latis, relatio semper fiat Summo Pontifici, ad normam sacrorum canonum.
§ 4. Firmae manent, pro subsectione secunda et tertia, Congregationes generales coram Summo Pontifice de quibus in Codice I. C.; itemque ritus et sollemnitates, in Romana Curia receptae, Beatorum canonizationis, postquam in Consistorio decreta fuerit.
§ 5. In sectione iudiciali habetur officium distinctum Promotoris Generalis fidei qui, opem ei ferentibus Subpromotore Generali, aliquibus subpromotoribus deputatis necnon congruo numero officialium, animadversiones proponit circa validitatem actorum, et circa dubia de heroicitate virtutum, de martyrio, de non cultu, de antiquo cultu, de miraculis.
§ 6. Sectio iudicialis suam habet Cancellariam, quae Auditori Generali directe est obnoxia, sub auctoritate tamen Cardinalis Praefecti et Praelati Secretarii.
§ 7. Sectio iudicialis denique albo ditatur tum Advocatorum et Procuratorum, qui dotibus et titulis instructi esse debent a iure requisitis, tum collegio Medicorum ex peritissimis, quoad scientiam et probitatem, legitime selectorum.
63. Utrique Sectioni, cultus scilicet et iudiciali de causis Servorum Dei, praesto est Officium historico-hagiographicum, quod peculiari statuto regitur de quo in Litteris Apostolicis *Già da qualche tempo*, a Pio PP. XI motu proprio datis die 6 febr. 1930.
64. In quaestionibus circa Sacras Reliquias vel cultum Sanctorum iuxta doctrinae catholicae normas continendum, utraque Sectio, intacta sua cuiusque competentia, collatis consiliis procedit.
Item utrique Sectioni communia sunt tabularium, bibliotheca, tabulae, administratio seu arca nummaria, et alia quae Congregationi utilia esse possunt."

auch die Kompetenz, die Verbesserung und Erneuerung der Liturgie, wie es in den Konzilsbeschlüssen verfügt wurde, auszuführen.

Im Jahre 1969 löst Papst Paul VI. diese Kongregation wieder auf und errichtet die Heilige Kongregation für den Gottesdienst und die Heilige Kongregation für die Heiligsprechungsprozesse[113] und entzieht jener somit die Kompetenz über die Heiligsprechungsverfahren.

Im Jahre 1975 fasst derselbe Papst die Heilige Kongregation für den Gottesdienst und die Heilige Kongregation für die Sakramentenordnung in der Heiligen Kongregation für die Sakramente und den Gottesdienst zusammen, deren beide Sektionen die Aufgaben der früheren beiden Kongregationen erfüllen.[114]

Bereits 1984 stellt Papst Johannes Paul II. die früheren Kongregationen wieder getrennt voneinander her mit den Namen Kongregation für die Sakramentenordnung und Kongregation für den Gottesdienst. Seit dem *CIC/1983* trägt keine Kongregation mehr das Attribut heilig.

Aber auch dieser Papst nimmt seine Entscheidung vom Jahre 1984 bereits 1988 zurück und vereint die Kongregationen wieder in der bis heute bestehenden Kongregation für den Gottesdienst und die Sakramentenordnung (*Congregatio de Cultu Divino et Disciplina Sacramentorum*).[115]

Der Ritenkongregation fallen nach can. 253, *CIC/1917* also die Liturgie und die Selig- und Heiligsprechungsverfahren, sowie für die lateinische Kirche als auch für die orientalischen Kirchen, zu. Ihre Aufgabe ist es, „die liturgischen Bücher und das liturgische Recht authentisch auszulegen, notfalls von bestimmten Vorschriften zu dispensieren [,] […] Vergünstigungen zu gewähren [und] […] die Ausübung der Riten zu überwachen."[116] Es steht ihr nicht von Rechts wegen zu, „Riten oder deren gesetzliche Grundlage abzuändern."[117] Nur der Papst kann sie dazu in ausdrücklicher Form bevollmächtigen, bzw. ein derartiges Dekret auf ihren Wunsch hin in *forma specifica* approbieren.

---

113 Vgl. DERS., Apostolische Konstitution: *Sacra rituum congregatio* (1969).
114 Vgl. DERS., Apostolische Konstitution: *Constans nobis studium* (1975).
115 Vgl. JOHANNES PAUL II., Apostolische Konstitution: *Pastor bonus* (1988), Nr. 62–70.
116 MARTIMORT, *Handbuch der Liturgiewissenschaft*, 81 f.
117 Ebd.

Die Dekrete und Antworten, welche in den *AAS* veröffentlicht werden, haben gesamtkirchliche Bedeutung, bzw. Bedeutung für den römischen Ritus, und sind somit für die lateinische Kirche allgemeingültig. Die weiteren Dekrete und Antworten haben vor allem für den Empfänger verbindlichen Charakter. Die Unterschrift des Präfekten und des Sekretärs oder des Substituten garantieren die Authentizität. Jene erscheinen in den *Decreta authentica Congregationis Sacrorum Rituum, ex actis ejusdem collecta eiusque auctoritate promulgata*, sie umfassen Dekrete seit 1588. Sofern besondere Dekrete nicht von Zeit und Ort abhängen und sie allgemeines Recht auslegen, sind auch sie verpflichtend.

Die Ritenkongregation setzt sich durch den Kardinalpräfekten, verschiedene andere Kardinäle als Mitglieder, den Sekretär, den Substitut, verschiedene Offiziale, aus deren Reihen ein Kanzler als Notar und ein Hymnenschreiber für die neuen Heiligen bestimmt werden, und Konsultoren zusammen. Sie wird in drei Sektionen unterteilt, deren erste die Sektion für die Selig- und Heiligsprechungsverfahren ist. Ihr gehören an der Generalglaubensanwalt (*promotor fidei*), der sogenannte *advocatus diaboli*, ein Unterglaubensanwalt als Assessor und verschiedene Helfer und Berater, sowie Offiziale, die sich aus dem Dekan der Heiligen Römischen Rota und den zwei ältesten Rota-Auditoren, dem Sakristan Seiner Heiligkeit, einem Apostolischen Protonotar, dem Meister des Heiligen Apostolischen Palastes und dem Generalrelator der historischen Sektion konstituieren.

Die zweite Sektion ist die der heiligen Liturgie, der verschiedene Konsultoren angehören, unter ihnen die apostolischen Zeremoniare.

Die dritte, historische Sektion besteht aus deren Leiter, dem Generalrelator, dem Vizegeneralrelator und verschiedenen Helfern und spezialisierten Konsultoren. Diese Sektion wurde der Kongregation erst 1930 zugeordnet, um die geschichtliche Aufarbeitung der Biografien von zu kanonisierender Personen und die Berichtigung von liturgischen Büchern zu besorgen.[118]

118 Vgl. PIUS XI., Motu Proprio: *Già da qualche tempo* (1930) und DEL RE, *La curia romana*, 1952, 92–99.

I.3 Quellen zu can. 1257, *CIC/1917*

Can. 1257, *CIC/1917* stützt sich auf umfangreiche Wurzeln aus der Kirchenrechtsgeschichte. Hier seien zur Illustration die Quellen in deutscher Übersetzung aus dem Quellenband des *CIC/1917* angeführt.

I.3.1 Konzil von Trient

Die siebte Sitzung des Konzils von Trient behandelt die Sakramente im Allgemeinen und erklärt in Kanon 13[119]: „Wenn jemand sagt, daß die von der katholischen Kirche angenommenen und gebilligten Riten, deren man bei der feierlichen Verwaltung der Sakramente sich zu bedienen pflegt, ohne Sünde missachtet, oder von den Dienern der Kirche nach Belieben weggelassen, oder von jedem Kirchenvorsteher mit andern neuen vertauscht werden dürfen, – der sei im Banne.“[120] So beschränkt das tridentinische Konzil selbst die Ordnungskompetenz der Ortsbischöfe.

Die 21. Sitzung befasst sich mit der Kommunion und erklärt im zweiten Kapitel[121]: „Der heilige Kirchenrath erklärt außerdem, daß in der Kirche immer die Gewalt bestand, hinsichtlich der Ausspendung der Sakramente,

---

119 *Si quis dixerit receptos et approbatos ecclesiae catholicae ritus in solemni sacramentorum administratione adhiberi consuetos aut contemni aut sine peccato a ministris pro libito omitti aut in novos alios per quemcumque ecclesiarum pastorem mutari posse: anathema sit.*

120 PETZ, *Des heiligen ökumenischen Concils von Trient Canonen und Decrete in neuer deutscher Übersetzung*, 65.

121 *Praeterea declarat hanc potestatem perpetuo in ecclesia fuisse ut in sacramentorum dispensatione salva illorum substantia ea statueret vel mutaret quae suscipientium utilitati seu ipsorum sacramentorum venerationi pro rerum temporum et locorum varietate magis expedire iudicaret.*
Id autem apostolus non obscure visus est innuisse cum ait: sic nos existimet homo ut ministros christi et dispensatores mysteriorum dei; atque ipsum quidem hac potestate usum esse satis constat cum in multis aliis tum in hoc ipso sacramento cum ordinatis nonnullis circa eius usum: cetera inquit cum venero disponam.
Quare agnoscens sancta mater ecclesia hanc suam in administratione sacramentorum auctoritatem licet ab initio christianae religionis non infrequens utriusque speciei usus fuisset tamen progressu temporis latissime iam mutata illa consuetudine gravibus et iustis causis adducta hanc consuetudinem sub altera specie communicandi approbavit et pro lege habendam decrevit quam reprobare aut sine ipsius ecclesiae auctoritate pro libito mutare non licet.

unbeschadet des Wesens derselben, Anordnungen und Aenderungen zu treffen, welche ihr zum Nutzen der Empfänger oder zur Verehrung der Sakramente selbst je nach Verschiedenheit der Sachen, Zeiten und Orten nützlich zu sein schienen. Dieß scheint der Apostel nicht undeutlich angedeutet zu haben, da er sagt: ‚So betrachte uns der Mensch als Diener Christi und Ausspender der Geheimnisse Gottes.' Es ist genugsam bekannt, daß er selbst von dieser Gewalt Gebrauch gemacht hat, sowohl in vielen anderen Dingen, als auch eben diesem Sakramente, indem er nach einigen über den Gebrauch desselben gemachten Anordnungen sprach: ‚Das Weitere werde ich anordnen, wenn ich komme.' – Darum hat die Kirche im Bewußtsein dieser ihrer Gewalt bei der Verwaltung der Sakramente, obwohl vom Anfange der christlichen Religion der Gebrauch beider Gestalten nicht selten vorgekommen ist, dennoch im Verlaufe der Zeit, nachdem diese Uebung sich schon weit und breit wieder geändert hatte, aus guten und triftigen Gründen den Brauch des Communicierens unter Einer Gestalt gutgeheißen und zu einem Gesetze erhoben, welches zu verwerfen, oder ohne die Autorität der Kirche selbst nach Belieben zu ändern, nicht erlaubt ist."[122]

Schließlich erklärt das Konzil in seiner 22. Sitzung über das Messopfer in Kapitel 5[123]: „Und da der Mensch vermöge seiner Natur so beschaffen ist, dass er ohne äußere Hilfsmittel nicht leicht zur Betrachtung der göttlichen Dinge sich erheben kann, darum hat die Kirche als eine fromme Mutter gewisse Bräuche eingeführt, wie z. B., daß Einiges in der Messe mit leiser, Anderes mit lauter Stimme gesprochen werden muß. Sie hat auch gewisse Ceremonien in Anwendung gebracht, wie z. B. mystische Segnungen, Lichter, Rauchwerk, Gewänder und viel Anderes der Art, nach apostolischer Vorschrift und Tradition, sowohl um dadurch die Majestät dieses so großen

122 PETZ, *Des heiligen ökumenischen Concils von Trient Canonen und Decrete in neuer deutscher Übersetzung*, 185.

123 *Cumque natura hominum ea sit ut non facile queat sine adminiculis exterioribus ad rerum divinarum meditationem sustolli propterea pia mater ecclesia ritus quosdam ut scilicet quaedam submissa voce alia vero elatiore in missa pronuntiarentur instituit caeremonias item adhibuit ut mysticas benedictiones lumina thymiamata vestes alia que id genus multa ex apostolica disciplina et traditione quo et maiestas tanti sacrificii commendaretur mentes fidelium per haec visibilia religionis ac pietatis signa ad rerum altissimarum quae in hoc sacrificio latent contemplationem excitarentur.*

Opfers anzuzeigen, als auch um die Gemüther der Gläubigen durch diese sichtbaren Zeichen der Religion und Frömmigkeit zur Betrachtung der erhabensten, in diesem Opfer verborgenen Geheimnisse anzuregen."[124]

I.3.2 Päpstliche Verlautbarungen

Papst Clemens VI. fordert in seinem zweiten Brief an die Armenier, zu beachten, dass es die Kompetenz des Römischen Bischofs sei, Riten zu dulden und zuzulassen, damit jener ihnen Hilfe gegen den sie bedrohenden Sultan schicke.[125]

Papst Benedikt XIV. verbietet 1744 den serbischen Bischöfen, nachdem er ihr Anhangen an die römischen Riten lobte, die Hinzufügung anderer Riten, Zeremonien und Gebete: „Über die heiligen Riten aber ermahnen wir die ehrwürdigen Brüder Erzbischöfe und Bischöfe jener Regionen der Kirche, in denen der Brauch der römischen Kirche, der Mutter und Lehrmeisterin aller übrigen Kirchen, als deren eigener Spiegel und Beispiel gepflegt wird und in denen es verboten ist, andere Bücher als das Missale Romanum, das Rituale und das Caeremoniale zu verwenden, dass sie nichts an diesem derart sicheren und löblichen Brauch sowohl in der Feier der heiligen Messe wie auch in der Ausspendung der Sakramente als auch den Segnungen und Exorzismen ändern. Der Zugang zu anderen Riten und Zeremonien und Gebeten, die anderweitig erbeten werden, soll unter keinerlei Vorwand erlaubt werden."[126]

---

124 PETZ, *Des heiligen ökumenischen Concils von Trient Canonen und Decrete in neuer deutscher Übersetzung*, 209.

125 Vgl. CLEMENS VI., Brief: *„Super quibusdam" an Mekhithar* (1351), Nr. 10: „[In secundo capitulo ... quaerimus:] si credidisti et adhuc credis, Romanum Pontificem circa administrationem sacramentorum Ecclesiae, slavis semper illis, quae sunt de integritate et necessitate sacramentorum, posse diversos ritus ecclesiarum Christi tolerare, et etiam concedere, ut serventur."

126 BENEDIKT XIV., Enzyklika: *Inter omnigenas* (1744), § 18: „De Sacris autem Ritibus, in quibus istarum Regionum Ecclesiae, Romanam hanc, reliquarum omnium Matrem, et Magistram, in speculum sibi, et exemplum proponentes, non alio quam Romano Missali, Rituali, ac Caeremoniali uti perhibentur, hortamur Venerabiles Fratres Archiepiscopos, et Episcopos, ut nihil in huiusmodi tuta, ac laudabili consuetudine immutari, et tam in Sacrorum celebratione, et Sacramentorum administratione, quam in Benedictionibus, et Exorcismis, non aliis quibuscumque aliunde petitis Ritibus, Caeremoniis, et precationibus, quocumque praetextu, aditum reserari permittant."

Ebenso untersagt derselbe Papst 1755 in seiner grundlegenden Missionsenzyklika *Allatae sunt* die Übernahme orientalischer Riten in den lateinischen Ritus und umgekehrt. Er erklärt es als ein ausschließliches Recht des Papstes, Auslassungen zu gestatten, also die Liturgie zu ordnen. Dem Apostolischen Stuhl sei es als außerordentliches Recht (*praecipuum ius*) vorbehalten, zu entscheiden, welche orientalischen Riten von der lateinischen Kirche übernommen werden können: „Auf diese und andere derartige Beispiele, die man einfach anhäufen könnte, können sich jene stützen, die dem Übertritt vom orientalischen und griechischen Ritus zum abendländischen und lateinischen Ritus zugeneigter sind oder auf diejenigen, die der Meinung sind, mit bestem Recht zu handeln, wenn sie das orientalische Schisma in die Einheit der Kirche umwandeln, indem sie sich bemühen, dieses Schisma von einem Ritus wegzuführen, der vor der Rückkehr gepflegt wurde und von den übrigen Orientalen und Griechen gemäß altem Brauch fest gehalten und beobachtet wird. Jedoch unterstützen weder die oben angeführten Beispiele noch das übrige, was angeführt werden kann, die Meinung jener; zum einen weil beim Übergang vom orientalischen und griechischen Ritus zum abendländischen und lateinischen Ritus gänzlich alles weggenommen wird, was vom griechischen Ritus vorgeschrieben ist und mit unserem Ritus nicht übereinstimmt; dies geschieht nicht bei jenen Beispielen, die vorher oben angeführt wurden, bei denen freilich irgendeine besondere Feierlichkeit des griechischen Ritus weggenommen wird, der Ritus aber selbst und all das durch denselben Ritus vorgeschriebene Übrige unversehrt bewahrt wird […]“[127].

127 Vgl. BENEDIKT XIV., Enzyklika: *Allatae sunt* (1755), § 27: „His sane, et aliis huiusmodi exemplis, quae facile cumulari possent, inniti valent, qui erga transitum a Ritu Orientali et Graeco, ad Occidentalem et Latinum sunt propensiores, vel certe quidem putant se iure optimo agere, dum Schismaticum Orientalem ad Ecclesiae unitatem convertentes, satagunt eumdem abducere ab aliquo Ritu, quem servare consueverat, priusquam nobis consentiret, quique a reliquis omnibus Orientalibus et Graecis, ex veteri disciplina, firmiter retinetur et observatur. Verum, neque superius allata exempla, nec caetera, quae in medium proferri possent, quidquam illorum opinioni suffragantur; tum quia in transitu a Ritu Orientali et Graeco, ad Occidentalem et Latinum, tollitur omnino quidquid ab ipso Graeco Ritu praescribitur, et nostro Ritui non conformatur; quod non contingit in iis exemplis, quae paulo superius allata sunt, quibus nempe, si aliqua peculiaris solemnitas Graeci Ritus tollitur, Ritus tamen ipse, ac reliqua omnia eodem Ritu praescripta intacta servantur;“

Eine weitere Begründung dafür gibt Papst Benedikt XIV. in der Folge an: „[...] zum anderen weil auch nur einen Teil von einem Ritus wegzunehmen unbeschadet der übrigen Teile desselben Ritus nicht Sache des privaten Mannes ist, sondern einen Eingriff der öffentlichen Autorität erfordert, also des obersten Hauptes der Gesamtkirche, des Römischen Pontifex. Denn der Apostolische Stuhl ist derjenige, der durch ein besonderes Recht, sooft es ihm vereinbar schien, von der orientalischen Kirche irgendeinen Ritus aufnahm und in den abendländischen übersetzte; oder erlaubte, einen griechischen Ritus in irgendeiner lateinischen Kirche zu übernehmen. Sobald derselbe Apostolische Stuhl wahrnahm, dass ein gefährlicher und unziemlicher Ritus in die orientalische Kirche sich einschlich, verurteilte er diesen, verwarf ihn und verbot dessen Gebrauch. Der Apostolische Stuhl selbst schließlich bestätigte das orientalische und griechische Volk bei der Annahme und Verteidigung eines lateinischen Ritus, in dem es tief verwurzelt ist, wenn der Ritus von alters her eingeflossen ist, von allen gemeinsam angenommen wurde und ausdrücklich oder stillschweigend von den Bischöfen bestätigt wurde, indem der Ritus selbst toleriert und somit approbiert wurde.“[128]

Papst Leo XIII. erklärt 1897 alle liturgischen Bücher für verboten, die vom Apostolischen Stuhl nicht approbierte Änderungen enthalten: „In den authentischen Ausgaben des Missale, des Breviers, des Rituale, des Zeremoniale der Bischöfe, des Pontificale Romanum und der anderen vom Heiligen Stuhl

128 Vgl. Ebd.: „tum quia partem etiam aliquam demere ex aliquo Ritu, salvis reliquis eiusdem Ritus partibus, non est privati viri, sed auctoritas publica intercedat necesse est, videlicet Supremi Capitis universalis Ecclesiae, qualis plane est Romanus Pontifex. Sedes namque Apostolica ea est, quae praecipuo quodam iure, quoties ipsi consentaneum visum fuit, ab Orientali Ecclesia Ritum aliquem desumpsit, et in Occidentalem traduxit; aut permisit, Ritum aliquem Graecum in aliqua Latina Ecclesia usurpari. Eademque Apostolica Sedes, quoties deprehendit, pericolosum vel indecorum aliquem Ritum in Orientalem Ecclesiam irrepsisse, illum damnavit, improbavit, eiusque usum ipsi prohibuit. Ipsa denique Apostolica Sedes, postquam vidit Orientalem, vel Graecam aliquam gentem in aliquo Latino Ritu usurpando, ac defendendo, vehementer obfirmatam, ac potissimum, quando Ritus ipse ab antiquo tempore invectus fuit, ab omnibus communiter receptus, atque expresse, vel tacite ab Episcopis probatus, Ritum ipsum tolerando, et sic approbando, firmavit.“

approbierten Bücher darf sich niemand anmaßen, irgendetwas zu verändern: wenn dies dennoch geschehen ist, sind diese neuen Ausgaben verboten."[129]

I.3.3 Verlautbarungen der Ritenkongregation

In einer Antwort von 1605 erklärt die Ritenkongregation die Erzbischöfe und Bischöfe für nicht kompetent, über *dubia* betreffend die Riten und Zeremonien zu entscheiden, sondern erklärt:

„Auf Bitten des Bischofs von Viseu wurde ein Teil seiner Fragen, die im Folgenden angeführt sind, der S.R.C. vorgelegt, um deren Beantwortung er besonders gebeten hatte:

1. Können regierende Erzbischöfe oder Bischöfe Richter im Hinblick auf Fragen sein, die bezüglich der heiligen Riten und Zeremonien aufgekommen sind? Die S.R.C. antwortet: «Nein».
2. Unter den Würdenträgern und Kanonikern stellt sich die Frage, ob bei der Anwesenheit des Bischofs beim Gottesdienst in nicht-pontifikaler Form, ihm dennoch die Kanoniker-Presbyter und -Diakone oder sogar die Würdenträger assistieren müssen? Dieselbe S.R.C. antwortet: «Es muss die Form des Caeremoniale im Kapitel über die Assistenz zweier Kanoniker, im ersten Buch, cap. 8 gewahrt werden.»
3. Darf im Königreich Portugal das Offizium jener Feste verrichtet werden, die durch Apostolisches Breve in besonderer Weise dem spanischen Königreich gewährt wurden, wie etwa das Fest der Erwartung und andere Ähnliche unter der Beachtung, dass die Reiche verschiedene sind, obwohl sie unter der Herrschaft eines Königs stehen? Dieselbe S.R.C. antwortet: «Nein»."[130]

---

129 LEO XIII., Konstitution: *Officiorum ac munerum* (1897), Nr. 18: „In authenticis editionibus Missalis, Breviarii, Ritualis, Caeremonialis Episcoporum, Pontificalis romani, aliorumque librorum liturgicorum a Sancta Sede Apostolica approbatorum, nemo quidquam immutare praesumat: si secus factum fuerit, hae novae editiones prohibentur."

130 HEILIGE RITENKONGREGATION, Antwort: *Visen.* (1605): „Pro parte et ad instantiam episcopi Visen. in S. R. C. infrascripta dubia proposita fuerunt, quibus particulariter responderi supplicavit, videlicet:

1. An Praelati Archiepiscopi seu Episcopi possint esse Iudices ad declaranda dubia super sacris Ritibus et Caeremoniis exorta? S. R. C. « Negative » respondit.

Eine weitere Fragen beantwortet die Kongregation wie folgt:

„4. Darf in der Kirche von Viseu das Offizium aus dem Commune für die Heiligen für die Feste der Heiligen gebetet werden, die seit unvordenklicher Zeit zu feiern gepflegt werden, obwohl sie nicht kanonisiert sind, wie z. B. die hl. Königin Elisabeth, der hl. Theotonius und andere? Dieselbe S.R.C. antwortet: «Zustimmend, sofern eine unvordenkliche Gewohnheit besteht». Und so wie oben hat sie in allem befunden, erklärt und geantwortet."[131]

Die Ritenkongregation versagt einem Diözesanbischof die Ausweitung eines Kathedralfestes auf das ganze Bistum:

„Das Kapitel der Kirche von Boiano bittet darum, dass erklärt wird, ob der Bischof anordnen kann, dass das Offizium und das Fest des heiligen Bernhard, Bekenner und Bischof der genannten Stadt, welches mit einer besonderen und speziellen von allen früheren Bischöfen derselben Kirche bestätigten Oration seit unvordenklicher Zeit in der Kathedralkirche gefeiert wird, auch in der ganzen Diözese gefeiert wird?

C.S.R. antwortete: «Dies ist dem Bischof nicht erlaubt.» Und so wurde es erklärt."[132]

---

2. Dubitatur inter Dignitates et Canonicos: an quando Episcopus divinis Officiis interest, nec Pontificalia exercet, eidem assistere debeant Canonici Presbyteri et Diaconi, vel etiam Dignitates? Eadem S. R. C. respondit: « Servandam esse formam Caeremonialis in Cap. de assistentia duorum Canonicorum, lib. primo, cap. 8 ».
3. An in Regno Lusitano recitari possit Officium de festis particulariter concessis per Breve Apostolicum Regno Hispaniae, ut est festum Exspectationis et alia similia, attento quod Regna sunt diversa, quamvis sub unius Regis potestate existant? Eadem S. R. C. « Negative » respondit.

131 Ebd.: „4. An in Ecclesia Visen. recitari possit Officium de Communi pro Sanctis, quorum festivitates ab immemorabili tempore celebrare consueverunt, quamvis non sint canonizati, prout est S. Elisabeth Regina, S. Theotonius et aliis similes? Eadem S. R. C. « Affirmative » respondit, « dummodo adsit immemorabilis consuetudo ». Et ita omnibus, ut supra, censuit, declaravit et respondit."

132 DIES., Antwort: *Boianen.* (1607): „Capitulum Ecclesiae Boianen. petiit declarari: An Episcopus possit ordinare, ut Officium et Festum S. Bernardi Confessoris et Episcopi dictae Civitatis, quod cum particulari et speciali oratione ab omnibus eiusdem Ecclesiae praeteritis Episcopis approbata, ab immemorabili tempore in Ecclesia Cathedrali celebratur, celebretur etiam per totam Dioecesim?
C. S. R. respondit: « Id non licere Episcopo ». Et ita declaravit."

Die Ritenkongregation kreist in einer Antwort von 1612 einen Missstand der stadtrömischen Kirchen ein:

„Da es der S.R.C. zu Ohren kam, dass in einigen Kollegiatskirchen oder sogar Patriarchalkirchen der Stadt Rom von den Kanonikern, Zeremonienmeistern, Offizialen und Dienern derselben Kirchen Zeremonien und kirchliche Riten, in unterschiedlicher und anderer Art und Weise zu derjenigen, die die römische Kirche allgemein zu halten pflegte, angeordnet und abgehalten werden und diese je nachdem im Zeremonienbuch für die Kathedralen und Kollegiatskirchen vorgeschrieben werden und sie aus eigener Vollmacht heraus die oben genannten Riten und Zeremonien schriftlich herausgeben und eigene und besondere Zeremonienbücher für den Gebrauch derselben Kirchen anordnen und erstellen lassen, erklärte dieselbe S.R.C.:“[133], dass es nur ihr alleine gestattet ist, Zeremonien und Riten zu genehmigen, die von denen der römischen Büchern abweichen. Sie bekräftigt ihre Klarstellung mit der Androhung von Strafen: „«Dies ist keineswegs erlaubt ohne die ausdrückliche Genehmigung und Anweisung derselben heiligen Kongregation. Weder Privatpersonen noch Patriarchal- oder Kollegiatskirchen ist dies zu erlauben. Deshalb hat sie ausdrücklich geboten, dass sowohl die Kanoniker wie auch die anderen Diener, Offiziale und Zeremonienmeister der genannten Kirchen sich vom oben Genannten enthalten und sie mögen auch nicht wagen oder sich anmaßen, die ordentlichen Zeremonien umzuwandeln oder zu verändern oder neue anzuordnen, die von der Art und Weise, die in den Rubriken des Missale und Breviarum Romanum unterschiedlich und anders sind, und vom genannten Zeremonienbuch vorgeschrieben werden. Ebenso mögen sie nicht vom Gebrauch und der allgemeinen Gewohnheit, die auch den anderen ähnlichen Kirchen gemeinsam ist, ohne die ausdrückliche Genehmigung

133 DIES., Antwort: *Urbis* (1612): „Cum ad aures S. R. C. pervenerit in nonnullis Ecclesiis Collegiatis, seu etiam Patriarchalibus Urbis, a Canonicis, Magistris Caeremoniarum, Officialibus et Ministris earumdem Ecclesiarum ordinari et fieri Caeremonias et Ritus ecclesiasticos vario et diverso modo ab eo, quem universaliter Ecclesia Romana servare consuevit, et prout in libro Caeremoniali pro Cathedralibus et Collegiatis Ecclesiis praescribitur; et auctoritate propria etiam Ritus praedictos et Caeremonias in scriptis redigere, et proprios, et particuliares libros Caeremoniarum pro earumdem Ecclesiarum usu ordinari et confici; Eadem S. R. C.“

derselben heiligen Kongregation, der in spezieller und besonderer Weise dies zusteht. Den Zuwiderhandelnden werden Strafen angedroht, die durch Urteil derselben heiligen Kongregation auferlegt und ausgeführt werden.»

Und so ordnete sie an, verordnete sie und erklärte sie und befiehlt die Befolgung."[134]

In einem allgemeinen Dekret wirft die Ritenkongregation folgendes Problem auf:

„Da seit dem Jahr 1788 bis zum heutigen Tage die Breviere, die Diurnalien, Missalien, die kleinen Offizien der allerseligsten Jungfrau Maria, die Offizien der Karwoche, die Ritualien und andere Bücher dieser Art, die zuletzt gedruckt werden, zu Beginn nicht mehr die Bestätigungen der hochwürdigsten Ordinarien aufweisen, durch die erklärt wurde, dass diese Ausgaben mit denen übereinstimmen, die in Rom entsprechend den Bullen der Päpste Hl. Pius V., Clemens VIII. und Urban VIII., die sich auf den ersten Seiten des römischen Breviers wiederfinden, gedruckt wurden, wurde die S.R.C. gebeten, zu erklären: Ob auch jetzt noch die erwähnten päpstlichen Konstitutionen eingehalten werden müssen und ob die Übertreter sich die darin auferlegten Strafen zuziehen? Und dies vor allem aufgrund der Tatsache, dass heutzutage keinerlei Raum daran zu zweifeln übrig geblieben ist, dass die verbesserten Exemplare beim Druck beachtet worden sind; und dies umso mehr, weil ansonsten die Gewissen sowohl derer, die Gewinn aus dem Verkauf der liturgischen Bücher ziehen, als auch Kleriker, die sie gebrauchen müssen, nicht wenig gequält würden, da jene darin nirgendwo mit der entsprechenden Bestätigung versehen aufgefunden werden können; deswegen wird schließlich

134 Ebd.: „« Id minime licere sine expressa eiusdem S. C. licentia et ordine declaravit, nec privatis personis, nec etiam Patriarchalibus et Collegiatis Ecclesiis id esse permittendum. Quare expresse mandavit, ut tam Canonici quam allii quicumque dictarum Ecclesiarum Ministri, Officiales et Magistri Caeremoniarum a praedictis abstineant, nec audeant vel praesumant caeremonias ordinarias immutare, seu variare, vel novas ordinare diverso ac vario modo ab eo, qui in Rubricis Missalis et Breviarii Romani, et dicto libro Caeremoniarum praescribitur; et ab usu, et consuetudine universali, et communi aliarum similium Ecclesiarum, sine expressa licentia eiusdem S. C., ad quam specialiter et particulariter haec pertinent, sub poenis contra facientibus arbitrio eiusdem S. C. imponendis et exsequendis ». Et ita ordinavit, censuit et declaravit, ac servari mandavit."

darum gebeten, zu gewähren, dass jeder im Stande ist, sich ohne irgendeinen Zweifel den Gebraucht dieser Bücher zu gestatten."[135]

In aller Deutlichkeit klärt sie aber:

„Und die Heilige Ritenkongregation verordnete in der ordentlichen am 7. April 1832 zusammengekommenen Versammlung beim Vatikan nach Anhörung des Berichts vom untenstehenden Sekretär sowie nach reiflicher Abwägung und sorgsamer Erwägung aller Aspekte als Antwort und Erklärung: *Die päpstlichen Konstitutionen bleiben in Kraft und der Missbrauch ist nicht zu tolerieren.*

Wir stimmen der Erklärung derer keineswegs zu, die vorher darum baten. Und obwohl sie gut verstehen, dass man ein erlassenes Gesetz mit keinerlei Versuch bekämpfen darf, bestanden sie wiederum darauf, auf welche Weise die Art und Form bezüglich des Gebrauchs derselben liturgischen Bücher weitergegeben wird, so dass die verhängten Strafen niemand aus irgendeinem Grund auf sich beziehe. Im Hinblick auf Bitten, die den oben berichteten ähnlich waren, haben die Oberen der Kongregation in einer anderen ordentlichen am 16. März 1833 zusammengekommenen Versammlung es für besser gehalten, das Urteil über die Sache zu vertagen."[136]

---

135 DIES., Generelles Dekret: *Quum ab anno* (1834): „Quum ab anno 1788 ad hanc usque diem Breviaria, Horae Diurnae, Missalia, Officia Parva Beatissimae Mariae Virginis, Officia Hebdomadae Maioris, Ritualia aliaque id genus, quae denuo praelo mandantur, non amplius praeseferant Reverendissimorum Ordinariorum Attestationes, queis declaretur haec Explementaria concordare cum iis, quae Romae sunt impressa, ad tramitem Bullarum S. Pii V, Clementis VIII et Urbani VIII Summorum Pontificum, quae in fronte Breviarii Romani reperiuntur, Sacrorum Rituum Congregationi supplicatum fuit declarari: Utrum etiamnum servari deberent recensitae Constitutiones Pontificiae, et an transgressores poenas inibi inflictas incurrerent? praesertim ex eo, quod in praesentiarum nullus supersit dubitandi locus, quin emendata exemplaria prae oculis in cusione habita sint; et eo vel magis quod secus non parum torquerentur conscientiae tum eorum qui lucrum ex Liturgicorum Librorum venditione percipiunt, tum Ecclesiasticorum, qui illis uti debent, quum illi nullibi reperiantur hisce attestationibus muniti; proptereaque demum concedi, ut sine ulla dubitatione quis horum Librorum usum sibi permitti valeret."

136 Ebd.: „Et Sacra Rituum Congregatio in Ordinario Coetu ad Vaticanum sub die 7 aprilis anno 1832 coadunata, audita relatione ab infrascripto Secretario facta et omnibus mature perpensis accurateque consideratis, rescribendum

Schließlich kommt sie aber doch zum Schluss: „Nachdem schließlich dieselbe heilige Ritenkongregation dem Gebrauch im vatikanischen Gebäude entsprechend zusammengekommen war und in ihr schon zum dritten Male der Bericht des untenstehenden Sekretärs angehört wurde, hat sie nach sorgsamer Abwägung die folgende Antwort und Entscheidung verordnet: *Es möge ein allgemeines Dekret sinngemäß (iuxta mentem) erlassen werden*: Die Mens ist, dass die Ortsordinarien entsprechend ihrem Amt darüber wachen sollen, dass die oben genannten liturgischen Bücher nicht wieder ohne die von den päpstlichen Konstitutionen vorgeschriebenen Bestätigungen gedruckt werden;“[137]

In Bezug auf die Ortsordinarien aber bestimmt die Kongregation weiters: „und bezüglich der Bücher, die einer solchen Bestätigung entbehren und von 1788 bis jetzt gedruckt wurden, mögen sie jeweils ein Exemplar der oben genannten [Bücher] einer kirchlichen Person [Kleriker] zur Prüfung übergeben, die es mit den Exemplaren vergleichen soll, die in Rom entsprechend der Gewohnheit gedruckt wurden (mit Ausnahme des Breviers aus dem Jahr 1828 von Contedini und dem Missale aus dem Jahr 1826 von De-Romanis, in die sich einige Fehler eingeschlichen haben). Wenn sie jenes nach Erhalt des ehrlichen Berichts des Prüfers ganz in Übereinstimmung mit den oben Genannten auffinden, mögen die Ordinarien selbst ihrem Klerus die Erklärung abgeben, dass die Breviere, Missalien, usw. jenes Drucks vollkommen seien, so dass jeder sie erlaubt und ohne jeglichen Zweifel verwenden darf. Um schließlich jeglichen Anflug von Zweifel zu beseitigen

---

esse censuit, ac declarandum: *Pontificias Constitutiones in suo robore permanere, et abusum non esse tolerandum.*
Huiusmodi Declarationi minime aquiescentes, qui primitus supplicarunt; et probe quum intellegant contra legem latam non esse aliquo conatu pugnandum, iterum tamen institerunt, quo traderetur modus et forma quoad usum eorumdem Librorum, quin inflictas poenas ulla ratione quis in se convertat. Hisce precibus similiter ut supra relatis in altera Ordinaria Congregatione ad Vaticanum pariter sub die 16 martii 1833 coacta, Emminetissimi Patres Sacris Ritibus tuendis praepositi satius duxerunt super re iudicium differre.“

137 Ebd.: „Coadunata demum apud Vaticanas Aedes iuxta morem eadem Sacrorum Rituum Ordinaria Congregatio, in eaque iam tertio audita relatione ab infrascripto Secretario facta, omnibus accurate libratis, rescribendum ac decernendum censuit: *Detur Generale Decretum iuxta mentem.* Mens est, ut Ordinarii Locorum pro suo munere invigilent, ut denuo non cudantur supradicti Liturgici Libri sine Attestatione a Pontificiis Constitutionibus praescripta;“

und um den Ordinarien selbst eine sichere Regel zu übergeben, sind die römischen Druckereien von nun an gehalten, vor dem Druck dieser Bücher die Erlaubnis von der Heiligen Kongregation zu erbitten und ihr zur Prüfung zu übersenden sowie mit der Bestätigung des Sekretärs derselben zu versehen.

So wurde erklärt und die Befolgung angeordnet."[138]

Bezugnehmend auf dieses Dekret antwortet die Ritenkongregation auf eine Anfrage der Regularkanoniker der Somascher Kongregation bezüglich derselben Problematik:

„Auch wenn die heilige Ritenkongregation am 26. April 1834 mit einem allgemeinen Dekret gewisse Gesetze bezüglich der Breviere, Missalien, der kleinen Offizien der seligen Jungfrau Maria, der Offizien der Karwoche und anderer derartiger erlassen hat, die vor allem seit dem Jahr 1788 bis heute in Druck gegeben wurden und nicht die Bestätigungen der Ordinarien zu Beginn enthalten, in denen erklärt wird, dass beim Druck die in den Bullen der römischen Päpste Hl. Pius V., Clemens VIII., Urban VIII. aufgestellten Regeln eingehalten wurde, die voll und ganz in Kraft bleiben; und gleichzeitig wurde denselben hochwürdigsten Ortsordinarien in höchster Weise nahegelegt, dass sie in Zukunft entsprechend ihrem Amt darüber wachen, dass die Bullen selbst und die nachfolgenden Dekrete vollständig beim Druck derartiger Bücher eingehalten werden; aber für den Teil des hochwürdigsten Pater Generalprokurator der Regularkleriker der Somascher Kongregation sind diese zwei Fragen zur angemessenen Lösung derselben heiligen Ritenkongregation vorgelegt worden"[139].

---

138 Ebd.: „et quoad illos, qui huiusmodi Attestatione destituuntur, et ab anno praesertim 1788 ac deinceps cusi fuere, aliquod exemplar ex supradictis examini probatae Personae Ecclesiasticae subiiciant, quae illud conferat cum iis, qui in Urbe iuxta morem sunt impressi (exceptis tum Breviario anni 1828 typis Contendini, ac Missali anno 1826 praelo De-Romanis cusis, in quibus nonnulla menda irrepserunt), acceptaque fideli relatione Revisoris, quando illud adamussim concordare cum praedictis inveniatur, suo Clero declarent ipsi Ordinarii Breviaria, Missalia etc. illius impressionis perfecta esse, adeo ut illis licite et sine ulla dubitatione uti quis valeat. Ad praecludendam demum omnem viam dubitationis, tradendamque ipsis Ordinariis certam regulam, Typographi Romani deinceps ante impressionem horum librorum teneantur veniam a Sacra Congregatione impetrare, illiusque revisioni subiicere, et Attestatione eiusdem Secretarii munire.
Atque ita declaravit ac servari mandavit."

139 DIES., Antwort: *Clericorum Regularium Congregationis Somaschae* (1843): „Etsi Generali Decreto sub die 26 aprilis 1834 Sacra Rituum Congregatio

Im Einzelnen handelt es sich also um folgende Antworten:

„ 1. Ist es erlaubt, Breviere, Missalien und andere heilige Bücher dieser Art zu verwenden, die zu Beginn nicht die von den päpstlichen Konstitutionen erforderten Bestätigungen aufweisen, gleich als ob die erwähnten Konstitutionen durch Gegenteiliges als verjährt betrachtet werden müssten und nicht mehr gesetzeskräftig sind?

2. Darf jemand die aufgeführten Breviere, Missalien und andere derartige Bücher erlaubt verwenden, wenn die Ortsordinarien, nach vorheriger von ihnen veranlasster Überprüfung erklären, dass dieselben voll mit den anderen in Rom gedruckten und dem Gebrauch entsprechenden geprüften und approbierten Exemplaren übereinstimmen?

Und die heilige Ritenkongregation, am heutigen Tag beim Vatikan in ordentlicher Versammlung zusammengetreten, hält nach Anhörung des Berichts des untenstehenden Sekretärs im zitierten allgemeinen Dekret beide Zweifel für betrachtet und ausreichend gelöst, weshalb zu antworten geboten wurde: «Es möge das Allgemeine Dekret vom 26. April 1834 eingehalten werden».“[140]

---

certas statuerit leges quoad Breviaria, Missalia, Officia parva Beatae Mariae Virginis, Officia Hebdomadae maioris aliaque huius generis, quae ab anno praesertim 1788 ac deinceps praelo fuerunt commissa, quin praeseferant Ordinariorum attestationes, queis declaretur in cusione servatas fuisse regulas in Bullis Summorum Pontificum Romanorum Sancti Pii V, Clementis VIII et Urbani VIII indictas et in suo robore plenissime perseverantes; atque insimul commendatum maxime fuerit iisdem Reverendissimis Locorum Ordinariis ut in posterum pro suo munere invigilarent, ut Bullae ipsae ac subsequentia Decreta omnino servarentur in huiusmodi Librorum cusione; attamen pro parte Reverendissimi Patris Procuratoris Generalis Clericorum Regularium Congregationis Somaschae duo haec dubia pro opportuna solutione exhibita fuere eidem Sacrae Rituum Congregationi [...]:“

140 Ebd.: „1. An liceat uti Breviariis, Missalibus, aliisque huius generis Sacris Libris, qui non praeseferunt, requisitas a Pontificiis Constitutionibus Ordinariorum attestatione, perinde ac si per praescriptionem in contrarium memoratae Constitutiones censeri debeant non amplius in suo robore permanentes?
2. An enunciatis Breviariis, Missalibus aliisque huius generis libris licite quis uti possit, si Ordinarii locorum, praevia revisione a se instituta, declarent eosdem plene concordare cum aliis Romae cusis et de more revisis et approbatis?
Et Sacra Rituum Congregatio, ad Vaticanum hodierna die coadunata in Ordinario Coetu, audita relatione a subscripto Secretario facta, perpendens in memorato Generali Decreto utrumque dubium contemplatum fuisse, quin

Der Teilkirche von Le Mans beantwortet die Ritenkongregation Fragen hinsichtlich verschiedener eigener liturgischer Bücher, die sich von den römischen unterscheiden, und auch hinsichtlich des Tragens des Rochetts zur Aussetzung des Altarsakramentes negativ und bekräftigt ihren eigenen Anspruch auf die Ordungskompetenz:

„Die Bullen, die der Heilige Pius V. herausgab und das römische Brevier und Missale betreffen, nimmt das Konzil der Provinz von Tours mit allem Lob, aller Ehrfurcht und Freude auf. Obwohl aber die bischöfliche Kirche von Le Mans, die sich innerhalb der Grenzen derselben Provinz befindet, seit zwei Jahrhunderten besondere Riten pflegt, war dieser Ritus so römisch, dass knapp zu einem Zwanzigstel die reinen Eigenheiten von Le Mans einflossen. An demselben in sich feststehenden Ritus, der in keiner Weise [der Bulle des] Heiligen Pius V. entgegensteht, hielt die Kirche von Le Mans mit ziemlichem Eifer über einen Zeitraum von 150 Jahren fest, ohne Zweifel bis zum Jahr 1748 oder 1749. Doch auf Veranlassung des damaligen Bischofs und unter Zustimmung des Kapitels, jedoch ganz ohne Befragung des Apostolischen Stuhls wurden ein neues Brevier und ein neues Missale verfasst. Es wurden eine andere Anordnung der Psalmen, eine andere Leseordnung sowohl aus der Heiligen Schrift wie auch über die Heiligen, andere Antiphonen, andere Responsorien, andere Hymnen, andere Rubriken und Zeremonien eingeführt. Überdies wurden aus dem Kalender überaus zahlreiche Heilige gestrichen, um sie durch neue zu ersetzten."[141]

---

ipsis directe satisfaceret, rescribendum edixit: « Servetur Generale Decretum diei 26 aprilis 1834 »."

141 DIES., Antwort: *Cenomanen.* (1852): „Quas Sanctus Pius V edidit Bullas, quae Breviarium ac Missale Romanum respiciunt, illas cum omni laude, reverentia et gaudio excepit Concilium Provinciae Turonensis. Quamvis autem Cenomanenis Episcopalis Ecclesia, quae Provinciae ipsius limitibus concluditur, speciali tunc ritu a duobus seculis uteretur, ritus iste adeo erat Romanus, ut vix pro vigesima parte proprium mere Cenomanense intermisceretur. In eodem siquidem ritu sibimetipsi constans, nec ullo modo Sancto Pio V contraria, studiosius perstitit Cenomanensis Ecclesia spatio centum quinquaginta annorum, nimirum usque ad annum 1748 aut 1749. Verumtamen, auctore tunc temporis Episcopo et consentiente Capitulo, sed prorsus Apostolica S. Sede inconsulta, novum conditum fuit Breviarium novumque Missale. Alia tunc facta fuit Psalmorum distributio, alia ratio Lectionum, tum de Sacra Scriptura tum de Sanctis, aliae Antiphonae, alia Responsoria, alii Hymni,

Nun folgt daraus: „Da also beinahe alles in diesem Brevier und Missale neu erscheint, besteht vom alten römischen Ritus von Le Mans gegenwärtig nur noch ein Zwanzigstel. Wenn es also den Ortsordinarien unter den in den Dekreten der Heiligen Ritenkongregation vom 8. April und 28. Oktober 1628 angedrohten Strafen verboten ist (auch bezüglich der Breviere, die gemäß dem Willen des Heiligen Pius V. nur toleriert wurden wie das alte Brevier von Le Mans), irgendetwas aus eigener Autorität hinzuzufügen oder irgendetwas wegzunehmen, so geht hieraus klar hervor, wie weit das in der Mitte des 18. Jahrhunderts herausgegebene Brevier und das Missale von Le Mans von den vorgegebenen Gesetzen abweichen, in denen derart schwerwiegende Veränderungen vorgenommen wurden, dass sie vom römischen wie vom alten Ritus von Le Mans gleichermaßen entfernt sind. Unter anderem diese Einzelheiten eifrig erwägend, beschloss einer der Hochwürdigsten [Herren] aus dem Kathedralkapitel der Kirche von Le Mans, die Heilige Ritenkongregation bittend anzugehen und ihr folgende Fragen zur angemessen Lösung vorzulegen:“[142]

So stellen sich folgende Fragen:

1. „War die Erneuerung des Breviers und des Missale von Le Mans, das vom römischen Ritus ganz unterschiedlich ist, im Jahr 1748 oder 1749 erlaubt, wobei das frühere nach römischem Vorbild korrigierte Brevier und Missale entfernt wurden, und dies aus der alleinigen Autorität des Bischof und des Kapitels der Kirche von Le Mans geschah, ohne Befragung und Bestätigung durch den Apostolischen Stuhl? Und falls negativ:

---

aliae Rubricae et Ceremoniae. Insuper e Calendario quamplurimi expuncti sunt Sancti, ut novi in eorum sufficerentur locis.“

142 Ebd.: „Quum itaque nova pene omnia in illis Breviario ac Missali appareant, de veteri ritu Romano Cenomanensi vix in praesentiarum vigesima pars extat. Si itaque locorum Ordinarii prohibentur (etiam in Breviariis, quae iuxta mentem Sancti Pii V tolerata tantum fuere, uti antiquum Cenomanense) aliquod propria auctoritate addere aut aliquid demere sub poenis interminatis in Decretis Sacrae Rituum Congregationis dierum 8 aprilis et 28 octobris 1628, de non satisfaciendo muneri divini Officii recitandi; inde clare concluditur quantum a praefinitis legibus aberret Breviarium ac Missale Cenomanense editum medio saeculo decimoctavo, in quo tam graves immutationes factae sunt, ut a Romano aeque ac ab antiquo Cenomanensi in omnibus fere recederet. Quae singula inter ceteros Reverendissimus alter ex Canonicis Cathedralis Cenomanen. Ecclesia sedulo considerans, Sacram Rituum Congregationem humillimis precibus adire constituit, eique sequentia dubia proponere pro opportuna solutione; nimirum:“

2. Hat zumindest die Verjährung bzw. die hundertjährige Gewohnheit dieser Liturgie sie legitimiert, so dass heute jeder beliebige Priester von Le Mans sie mit ruhigem Gewissen befolgen kann? Und falls wiederum negativ:
3. Ist jeder Priester von Le Mans, auch ein Kanoniker oder Pfarrer, sofort im Gewissen gehalten, sowohl die kanonischen Horen wie auch die Messe nach römischem Ritus zu persolvieren und zu zelebrieren, auch wenn er privat rezitiert oder zelebriert? Darf er überdies auf alle ihm möglichen Weisen den hochwürdigsten Bischof bitten, dass er dieses für den öffentlichen Gottesdienst mit den angemessenen Mitteln und zur rechten Zeit fördert?"[143]

Weiters wird angefragt:

4. „Auch wenn die Kirche von Le Mans bezüglich des Breviers wiederholt vorgehen konnte, wie sie wollte: Ist diese Vollmacht auszuweiten auf das Pontificale, das Caeremoniale Episcoporum, das Martyrologium und das Rituale Romanum? So auch: Können die Kanoniker oder die anderen Priester, ohne ihr Gewissen zu verletzen, die verpflichtenden Normen der oben genannten Bücher beugen oder unterlassen, freilich wenn der hochwürdigste Bischof dies toleriert oder erlaubt oder sogar festsetzt? Kann so der Wille des hochwürdigsten Bischofs in diesen Fällen für sie eine ausreichende Dispens sein?
5. Können die Kanoniker, die aufgrund eines alten Brauchs mit der Mozzetta und dem Rochett ausgezeichnet sind, das Rochett bei der Spendung oder Feier der Sakramente und Sakramentalien verwenden,

143 Ebd.: „1. Num licita fuerit annis 1748 vel 1749 innovatio Breviarii ac Missalis Cenomanensis a ritu Romano prorsus diversa, amotis prius veteribus, ad formam Romanam correctis Breviario et Missali, ex sola Episcopi et Capituli Ecclesiae Cenomanensis aucoritate, et inconsulta Sede Apostolica, facta aut probata? et quatenus negative,
2. Num saltem huiusmodi Liturgiae praescriptio seu consuetudinis secularis facta sit legitima; ita ut hodie quilibet Sacerdos Cenomanensis possit eam tuta conscientia servare? et quatenus iterum negative,
3. Num quilibet Sacerdos Cenomanensis, etiam Canonicus aut Parochus, statim teneatur in conscientia tum Horas Canonicas persolvere Missamque celebrare iuxta Rituum Romanum, quando scilicet privatim recitat et celebrat; tum insuper omnibus quibus potest modis Reverendissimo Episcopo supplicare, quatenus et idipsum pro divino Officio publico opportunis mediis et temporibus promovere dignetur?"

da der hochwürdigste Bischof den Gebrauch des Rochetts allgemein und für das große Seminar kürzlich vorgeschrieben hat oder zumindest erlaubte und überdies für alle Priester seiner Diözese willentlich und schriftlich erklärte, dass er dies auch bei der Spendung der Sakramente tolerieren würde, obwohl sie dies entgegen dem Caeremoniale Episcoporum, dem Rituale Romanum und dem Missale und Pontificale tun und obwohl in der Diözese Le Mans keine alte oder bisher allgemeine Derogation für diese Gewohnheit in der heiligen Liturgie bestand?"[144]

Nun folgen die Antworten.

„Auf diese Bitten mit den eingefügten Fragen haben in der heute abgehaltenen ordentlichen Sitzung der Heiligen Ritenkongregation beim Vatikan der berichtende untenstehende Prosekretär, die hochwürdigsten und ehrwürdigsten Väter der Kongregation nach Abwägung in einer reiflichen Prüfung befunden zu antworten:

Ad 1. «Nein».

Ad 2. «Nein».

Ad 3. «Er möge beide Konstitutionen des Heiligen Pius V. konsultieren, also jene, die mit *Quod a nobis*, 9. Juli 1568, beginnt und die andere, welche mit *Ex proximo*, 20. September 1571, beginnt».

Ad 4. «Nein; keineswegs».

---

144 Ebd.: „4. Num etiamsi Ecclesia Cenomanensis sibi de Breviario iterum atque iterum, ut libuerit, providere potuerit; istiusmodi facultas extendenda sit ad Pontificale, Caeremoniale Episcoporum, Martyrologium et Riuale Romanum; ita videlicet, ut praeceptivas praedictorum Librorum regulas, tolerante nempe aut permittente aut etiam aliter quippe statuente Reverendissimo Episcopo, Canonici aliive Sacerdotes possint illaesa conscientia infringere aut omittere; sicque Reverendissimi Episcopi voluntas his in casibus sit pro ipsis sufficiens dispensatio? 5. Utrum possint Canonici, qui ex antiquo more mozzetta et rochetto insigniti sunt, uti rochetto in administratione seu confectionis Sacramentorum et Sacramentalium, quum Reverendissimus Episcopus usum rochetti generaliter et pro maiori Seminario recenter praeceperit aut saltem probaverit; et pro omnibus insuper suae Dioecesis Presbyteris, etiam in Sacramentorum administratione se toleraturum esse voto et scripto declararit; quidquid in contrarium faciant Caeremoniale Episcoporum, Rituale Romanum, Missale et Pontificale; et licet nulla in Dioecesi Cenomanensi antiqua aut usquedum generalis pro ea Sacrae Liturgiae derogatione extiterit consuetudo?

Ad. 5. «Das Rochett ist kein heiliges Gewand, welches bei der Spendung der Sakramente zu verwenden ist; und deshalb ist sowohl zu ihrer Spendung als auch zum Erhalt der ersten Tonsur und der Niederen Weihen notwendig das Superpelliz zu gebrauchen».

Und so wurde es erklärt."[145]

Der Dekan des Domkapitels von Moulins wendet sich 1857 an die Ritenkongregation:

„Da dem Dekan der Kanoniker des Kathedralkapitels von Moulins, der aufgrund der ihm vom hochwürdigsten Bischof jener Diözese anvertrauten Aufgabe über die Befolgung der heiligen Riten in derselben Diözese wacht, es beständig ein Anliegen war, dass alles gemäß dem Wort des Apostels Paulus ehrlich und entsprechend der Ordnung geschehe, legte er der Heiligen Ritenkongregation zur einfacheren und sichereren Verwirklichung dessen einige Fragen vor, und fügte überaus demütige Bitten an, dass sie [die Kongregation] sich würdigen möge, über diese [Fragen] ihr Urteil abzugeben."[146]

Nach dieser Einführung folgen also die konkreten Fragen. „Alle von ihm vorgelegten Fragen also sind die folgenden:

---

145 Ebd.: „Quas quidem preces cum insertis dubiis, in Ordinariis Sacrorum Rituum Comitiis ad Vaticanum hodierna die habitis, referens infrascriptus Pro-Secretarius; Eminentissimi et Reverendissimi Patris Sacris tuendis Ritibus praepositi, omnibus maturo examine perpensis, rescribendum censuere:
Ad 1. « Negative ».
Ad 2. « Negative ».
Ad 3. « Consultat coniunctim utramque Constitutionem Sancti Pii V, videlicet illam quae incipit *Quod a nobis*, VII Idus iulii 1568, et aliam quae incipit *Ex proximo*, XII Calendas octobris 1571 ».
Ad 4. « Negative; et amplius ».
Ad 5. « Rochettum non esse vestem sacram adhibendam in administratione Sacramentorum; ac proinde tum ad ea administranda, tam ad suscipiendam primam Tonsuram et Minores Ordines necessarie superpeliceo utendum ».
Atque ita declaravit."

146 DIES., Antwort: *Molinen.* (1857): „Quum Canonico Decano Ecclesiae Cathedralis Molinen., qui ex munere sibi commisso a Rmo illius Dioecesis Episcopo Sacris Ritibus in eadem Dioecesi observandis advigilat, id fuerit continue in votis, ut omnia iuxta Pauli Apostoli sententiam honeste et secundum ordinem fiant; ad id facilius et securius assequendum nonnulla dubia Sacrae Rituum Congregationi proposuit, humillimis additis precibus ut super iis iudicium suum manifestare dignaretur."

XIV. Eine frühere Kollegiatskirche wurde unter dem Namen der seligsten Jungfrau Maria in der Stadt Moulins erbaut: es scheint jedoch, dass sie nicht konsekriert wurde, da das Gebäude niemals vollendet wurde. Aus allen Dokumenten kann man davon ausgehen, dass das Fest Mariä Verkündigung für das Hauptfest und den Titel gehalten wurde. Nach den Wirren in Gallien allerdings wurde die obengenannte Kirche zur Pfarrkirche. Und während die Feierlichkeiten zum Fest der Verkündigung in Vergessenheit gerieten, begann man das Fest Mariä Himmelfahrt als Patronatsfest feierlich zu begehen. Als endlich in Moulins ein Bischofssitz von Pius VII. errichtet wurde, wurde diese Kirche zur Kathedrale unter dem Titel der seligsten Jungfrau Maria erhoben. Der erste Bischof von Moulins bestimmte nach der Besitzergreifung seines Stuhles am Fest der Geburt der seligen Jungfrau Maria im Jahr 1823, dass dieses Fest der Geburt von nun an als Titelfest zu feiern sei, ohne dass er dabei eine besondere ihm vom römischen Papst hierfür gegebene Vollmacht erwähnte."[147]

Konkret heisst das: „Nun fragt man:

1. Soll das Edikt des ersten Bischofs von Moulins, das die Geburt der seligen Jungfrau Maria als Titularfest zuweist, aufrechterhalten werden?
2. Soll das Fest der Verkündigung aus früheren Zeiten als Titelfest dieser Kirche betrachtet werden?
3. Kommt die Eigenschaft des Titels dem Fest Mariä Himmelfahrt zu?
4. Sofern es dem gegenwärtigen Bischof nicht erlaubt sein sollte, den Titel der Verkündigung jetzt wiederherzustellen, wäre es ihm nach der neu

147 Ebd.: „Omnia itaque dubia ab ipso proposita sunt quae sequuntur: XIV. Ecclesia olim Collegiata sub nomine Beatae Mariae Virginis in Civitate Molinensi fuit aedificata: videtur tamen illam non fuisse consecratam, quia aedes numquam absolutae fuerunt. Ex omnibus monumentis credere est Festum Annuntiationis pro praecipuo et Titulari fuisse habitum. Post perturbationem autem Galliarum, Parochialis facta fuit supradicta Ecclesia; et Festi Annuntiationis celebritate in oblivionem abeunte, Festum Assumptionis pro patronali coepit solemnizari. Tandem Episcopatu Molinesi erecto a Pio VII, haec Ecclesia in Cathedralem fuit erecta sub titulo Beatae Mariae Virginis. Primus Molinensis Episcopus, possessione Sedis suae in Festo Nativitatis Beatae Mariae Virginis anno 1823 accepta, decrevit hoc Festum Nativitatis iam pro Titulari deinceps celebrandum, nulla tamen peculiaris sibi super hoc a Romano Pontifice datae potestatis facta mentione."

aufgenommenen Vollendung des Gebäudes bei der Konsekration der Kirche erlaubt?

XV. Darf in einer nur gesegneten Kirche ein Altar konsekriert werden, ohne dass vorher die Kirche selbst konsekriert wird?“[148]

Eine weitere Frage lautet:

„XVI. Die meisten Ordensschwestern in Gallien verwenden ältere Bücher, wie die Karmelitinnen, die Dominikanerinnen etc.; oder auch kürzlich zusammengestellte, in denen sich verschiedene Segnungen und Gebete finden, z.B.: für die Ankleidung und das Ablegen der Gelübde. Diese Bücher weisen allerdings keine Approbation der Heiligen Kongregation zu Beginn auf. Und es fehlt in ihnen auch nicht an Dingen, die Verwunderung hervorrufen: z.B. bei den Töchtern der seligen Jungfrau Maria von der Liebe des guten Hirten, die ihre Bücher bewahren, indem sie behaupten, dass sie im Kloster ihres Ordens in der ehrwürdigen Stadt Rom, in Gebrauch seien, werden in irgendeiner Oration die ewigen Ratschlüsse Gottes über die Erwählung und den Namen dieses Instituts erklärt. So wird im Psalm 19 gesungen: *Der Herr erhöre dich am Tag deiner Profess, er beschütze dich etc.* Im Responsorium *Libera me Domine* werden die Worte so verändert: *Tremens facta sum ego etc.* Nach Darlegung dieser Dinge, wird angefragt:

1. Ist es einem Priester erlaubt bei einer kirchlichen Amtshandlung diese von der Heiligen Kongregation nicht approbierten Bücher zu verwenden? Und falls zustimmend,

---

148 Ebd.: „Nunc quaeritur:
1. An sustineatur edictum primi Episcopi Molinen. Nativitatem Beatae Mariae Virginis pro Festo Titulari assignantis?
2. An Festum Annuntiationis prout antiquis temporibus pro Titulari huius Ecclesiae sit habendum?
3. An qualitas Titularis Festo Assumptionis conveniat?
4. An quatenus non liceat moderno Episcopo titulum Annuntiationis nunc restituere, id ei permittatur, post absolutionem aedificii de novo susceptam, in consecratione Ecclesiae?

XV. Utrum in Ecclesia tantummodo benedicta Altare possit consecrari, quin prius ipsa Ecclesia consecretur?“

2. Findet diese Entscheidung Anwendung, auch wenn in diesen Büchern die kirchlichen Gebete wie oben verändert würden?"[149]

Ebenso möchte der Dekan folgendes wissen:

„XVII. Die Frauen pflegten nach der Geburt vor den Priester zu treten, um den Segen zu empfangen, auch wenn die Nachkommenschaft sogar ohne Taufe gestorben war. In diesem Fall jedoch können die Worte der Gebete des Rituale Romanum, das nun in dieser Diözese in Kraft ist, nicht verwendet werden, und andererseits kann der Segen nicht ohne irgendeine Verwunderung seitens des Volkes und ohne eine Vermehrung der Trauer für die Frau unterbleiben. Was ist zu tun? Ist es erlaubt, nachdem die Frau in die Kirche gebracht wurde, das nicht Zutreffende wegzulassen und irgendeine andere Oration einzufügen, aus denen die im Missale enthalten sind, und den Segen, wie er im Rituale steht, zu erteilen?

XVIII. Kann die Gewohnheit bewahrt werden, mit dem Allerheiligsten Sakrament das zurückweichende Volk beim Zugang zu den Stadttoren, der Region, des Hauses des Kranken etc. zu segnen, wenn den Kranken die Wegzehrung gebracht wird? Und sofern dies nur aufgrund besonderer Gnade erlaubt sein sollte, wird im Namen des hwst. Bischofs demütig die Erlangung dieser Gnade erbeten, so wie sie in Massa et Populonia vom 7. April 1832 gewährt wurde."[150]

---

149 Ebd.: „XVI. Pleraeque Moniales in Gallia utuntur libris sive antiquioribus, ut Carmelitanae, Dominicanae etc.; sive recentius concinnatis, in quibus variae reperiuntur benedictiones et preces, ex. gr.: pro Vestitione et Emissione Votorum. Nullam autem hi libri praeseferunt Sacrae Congregationis aprobationem. Nec desunt in eis admirationem moventia, ex. gr.: apud Filias Beatae Mariae Virginis a Caritate Boni Pastoris, quae tuentur suos libros asserendo eos esse in usu in Monasterio Ordinis sui in Alma Urbe existente, declarantur in quadam Oratione aeterna Die consilia super electione et nomine huius Instituti. Sic canitur Psalmus XIX: *Exaudiat te Dominus in die professionis, protegat te etc.* In Responsorio *Libera me Domine* sic verba variantur *Tremens facta sum ego etc.* Hisce positis, quaeritur:
1. Utrum licitum sit alicui Sacerdoti in functione ecclesiastica uti huiusmodi libris a Sacra Congregatione non approbatis? et quatenus affirmative,
2. Utrum haec decisio locum habeat, etiamsi in his libris preces ecclesiasticae forent alteratae ut supra?"

150 Ebd.: „XVII. Consueverunt mulieres post partum coram Sacerdote se sistere pro benedictione accipienda, etiamsi proles murtua fuerit quandoque sine

Weitere Fragen sind diese:

„XIX. Kann durch den hwst. Bischof von Moulins erlaubt werden, dass aufgrund der Rauheit des Weges und der Wind und der Beschwerlichkeit von Schnee und Eis die Pfarrer die heilige Wegzehrung bedeckten Hauptes mit Pileolus bringen? Und sofern dies nur aufgrund einer speziellen Gnade erlaubt ist, wird im Namen des oben genannten Bischofs die Erlangung jener Gnade demütig erbeten, so wie in Bisinianen. vom 23. Mai 1846.

XXVI. Können Ordensschwestern oder fromme Frauen, die ein Gemeinschaftsleben unter einer Regel führen, mit der Erlaubnis des Ordinarius die Korporalien, Pallen und Purifikatorien reinigen?“[151]

Die Ritenkongregation antwortet auf folgende Weise:

„Diese Fragen hat sodann der unterzeichnende Präfekt der Heiligen Ritenkongregation, anstelle und in Vertretung des abwesenden em. und hwst. Herrn Kardinal Clemens Villecourt, der der für diese Causa ernannte Ponens war, in der ordentlichen am heutigen Tag abgehaltenen Versammlung der Heiligen Ritenkongregation vorgetragen. Die em. und hwst. Oberen der Kongregation zum Schutz der Riten haben nach vorheriger Einholung eines schriftlichen

---

Baptismo. In illo tamen casu verba orationum Ritualis Romani nunc in hac Dioecesi vigentis verificare non possunt, et aliunde benedictio omitti nequit sine aliqua admiratione plebis et sine aggravatione moeroris mulierum huiusmodi. Quaeritur quid agendum? et num liceat, demptis iis quae non verificantur, postquam mulier in Ecclesiam introducta foret, substituere aliquam orationem ex iis quae in Missali continentur et benedictionem, prout in Rituali, impertiri?
XVIII. Num servari possit consuetudo benedicendi cum Sanctissimo Sacramento retrocedentem populum ab accessu extra portas Civitatis, regionis, domus infirmi etc., quando fertur Viaticum aegrotis? Et quatenus nisi de speciali gratia id liceat, pro parte Rmi Episcopi supplicatur ad illam gratiam obtinendam, prout in una Massae et Populoniae diei 7 aprilis 1832.“

151 Ebd.: „XIX. Num, propter viarum asperitatem ac ventorum, nivium glacierumque incommoda permitti possit a Rmo Molinen. Episcopo, ut Parochi Sacrum Viaticum deferant capite cooperto pileo? Et quatenus nisi de speciali gratia id liceat, supplicatur pro parte supradicti Episcopi ad illam gratiam obtinendam, prout in una Bisinianen. diei 23 maii 1846.
XXVI. Utrum Moniales seu piae foeminae vitam communem sub regula degentes possint cum licentia Ordinarii abluere Corporalia, Pallas et Purificatoria?“

und gedruckten Votums seitens eines der Apostolischen Zeremonienmeister und nach sorgfältiger Abwägung verordnet, zu antworten:“[152]

Im konkreten Einzelfall bestimmt sie:

„Ad XIV. «Bezüglich der ersten, zweiten, dritten und vierten Anfrage: Siehe zweite Antwort. Zur zweiten: Ja, sofern es feststeht, dass Mariä Verkündigung der frühere Titel war».

Ad XV. «Ja».

Ad XVI. «Es ist nicht erlaubt, wenn sie nicht vom Heiligen Stuhl approbiert worden sind oder zumindest von den Ordinarien».

Ad XVII. «Das Rituale Romanum ist gänzlich einzuhalten».

Ad XVIII. «Ja, als Gnade, unter Berücksichtigung des Dargestellten».

Ad XIX. «Die Heilige Kongregation hat dem Bischof von Moulins aufgetragen, dass er entsprechend seinem Urteil und seiner Klugheit gestatte, dass die Pfarrer in den dargelegten Umständen im Zweifel die Wegzehrung bedeckten Hauptes mit Pileolus tragen dürfen, wobei ihn wenigstens ein Mensch, sofern möglich, mit einer angezündeten Laterne begleitet. Gegenteiliges wird aufgehoben».

Ad XXVI. «Nein».

Und so hat die Kongregation verordnet, zu antworten und alle vorgelegten Fragen zu klären.“[153]

---

152 Ebd.: „Haec porro dubia quum subscriptus Cardinalis Sacrorum Rituum Congregationis Praefectus, loco et vice Emi et Rmi Domini Cardinalis Clementis Villecourt Ponentis in hac causa designati absentis, retulerit in Ordinariis Sacrorum Rituum Comitiis ad Vaticanum hodierna die habitis, Emi et Rmi Patres Sacris tuendis Ritibus praepositi, exquisito prius voto alterius ex Apostolicarum Caeremoniarum Magistris scriptis edito praeloque commisso, omnibus accurate perpensis, rescribendum censuerunt:“

153 Ebd.: „Ad XIV. « Quoad primum, secundum, tertium et quartum quaesitum: Provisum in secundo. Ad secundum scilicet: Affirmative; dummodo constet Annuntiationem Beatae Mariae Virginis fuisse Titulum primaevum ».
Ad XV. « Affirmative ».
Ad XVI. « Non licere, nisi probati fuerint a Sancta Sede; vel saltem ab Ordinariis ».
Ad XVII. « Servandum omnino Rituale Romanum ».
Ad XVIII. « Affirmative, pro gratia; attentis expositis ».
Ad XIX. « Sacra Congregatio commisit Episcopo Molinen. ut pro suo arbitrio et prudentia indulgeat quod Parochi in circumstantiis expressis in dubio, capite pileo

Die Priestergesellschaft vom Allerheiligsten Sakrament stellt der Ritenkongregation 1871 die Anfrage, ob, wenn nur wenige Unterschiede zu den römischen Büchern bestehen, auch eigene liturgische Bücher den vorgeschriebenen Gesetzen unterworfen sind:

„Raymund von Cuers, Oberer der Kongregation vom Allerheiligsten Sakrament bittet die heilige Ritenkongregation demütig um die Lösung der folgenden Fragen; also:

Frage II: Die liturgischen Bücher wie Breviere und Missalien werden an vielen Orten gemäß gewissen Gebräuchen bezüglich der rechtschreiblichen Interpunktion der Wörter unter der Berücksichtigung, wie man sagt, der genaueren grammatikalischen Gesetze und nach Zusammentragen der besten Ausgaben der heiligen Väter oder auch der Heiligen Schrift neu gedruckt. Überdies werden, wie man behauptet, die Hymnen, Capitula und anderes derartige von einem Ort an den anderen zwecks einfacheren Gebrauchs verschoben. Können jene liturgischen Bücher mit ruhigem Gewissen verwendet werden, wenn sie mit der Form der authentischen Ausgaben nicht ausreichend in Übereinstimmung zu sein scheinen?

Frage III: Wenn eine Kirche nicht dem Namen irgendeines Seligen geweiht ist, sondern eines anderen Geheimnisses wie des Heiligen Kreuzes, des Allerheiligsten Sakramentes etc., darf dann die Bezeichnung dieses Geheimnisses anstelle des Heiligennamens, der in den Gebeten zur Grundsteinlegung und zur Segnung oder Konsekration dieser Kirche verlesen wird, ausgesprochen werden?“[154]

---

cooperto, Viaticum deferre valeant, comitante saltem uno homine, si fieri potest, accensam laternam deferente. Contrariis non obstantibus quibuscumque ».

Ad XXVI. « Negative ».

Atque ita Sacra Congregatio rescribere, propositaque dubia omnia declarare censuit."

154 DIES., Antwort: *Societatis Presbyterorum SS. Sacramenti* (1871): „Raymundus de Cuers Superior Societatis Presbyterorum SSmi Sacramenti a Sacra Rituum Congregatione humiliter insequentium dubiorum solutionem postulavit; nimirum:

Dubium II. Libri Liturgici, ut Breviaria et Missalis, multis in locis reimprimuntur iuxta quosdam usus quoad punctuationem verborum ortographicam et cum observatione, ut aiunt, legum grammatices accuratiorum et collatione facta cum optimis Sanctorum Patrum editionibus vel etiam Scripturae sacrae, et insuper Hymni, Capitula et alia huiusmodi de loco ad locum transferuntur

Die Antwort der Kongregation lautet:

„Und die heilige Ritenkongregation hat nach reiflicher Abwägung der Sache und Anhörung des Urteils einer der Apostolischen Zeremonienmeister beschlossen zu antworten:

Ad II. «In der Ausgabe der liturgischen Bücher sollen die in den Konstitutionen und Bullen vorgeschriebenen Gesetze genau beachtet werden».

Ad III. «Bei der Oration, die mit *Domine Deus, qui licet caelo et terra etc.* beginnt, möge man unter Unterlassung der Namensnennung jeglichen Heiligens oder Heiligen sagen: *Beatae Mariae semper Virginis omniumque Sanctorum intercedentibus meritis etc.* Zur Segnung des Grundsteins möge man bei dem Gebet *Domine sancte Pater* sagen *in honorem sanctae Crucis* oder *in honorem Mysterii SSmi Sacramenti etc.*»

Und so hat die Kongregation schriftlich geantwortet und ordnet die Befolgung an."[155]

1911 stellt die Ritenkongregation erneut fest, dass sich die Neuauflagen der liturgischen Bücher strickt an die typischen Editionen der Ritenkongregation zu halten haben und nur von lizensierten Druckereien gedruckt werden dürfen:

„Öfters sind von der Heiligen Ritenkongregation den Druckereien Normen für die Herausgabe liturgischer Bücher übergeben worden, vor allem durch die Dekrete n. 4166, 11. August 1905, n. 4178, 14. Februar 1906, n. 4259,

---

pro utentium, ut asserunt, commoditate. Anne tuta conscientia isti Libri Liturgici adhiberi possint, quum non videntur sufficienter conformes Romanarum editionum authenticarum formae?

Dubium III. Quando Ecclesia dedicata sit non sub alicuius Beati vocabulo sed alicuius mysterii ut Sanctae Crucis, Sanctissimi Sacramenti etc.; Anne exprimendum sit nomen huius Mysterii loco nominis Sancti quod venit recitandum in precibus primi Lapidis et Benedictionis seu Consecrationis huius Ecclesiae?"

155 Ebd.: „Et Sacra Rituum Congregatio, re mature perpensa auditaque sententia alterius ex Apostolicarum Caeremoniarum Magistris, rescribendum censuit: Ad II. « In editione Librorum Liturgicorum adamussim serventur Leges in Constitutionibus et Bullis Summorum Pontificum praescriptae ».

Ad III. « In Oratione quae incipit *Domine Deus, qui licet caelo et terra etc.*, omisso nomine cuiusvis Sancti vel Sanctae, dicatur: *Beatae Mariae semper Virginis omniumque Sanctorum intercedentibus meritis etc.* Ad Benedictionem primarii lapidis, in Oratione *Domine sancte Pater omnipotens aeterne Deus, dicatur in honorem sanctae Crucis*, aut *in honorem Mysterii SSmi Sacramenti etc.* »

Atque ita rescripsit et servari mandavit."

25. Januar diesen Jahres, welches die Editio Vaticana und deren Vervielfältigung in den Büchern, die den gregorianischen Gesang enthalten, betrifft, und n. 4263, 11. April 1911. Damit aber diese Normen besser und vollständiger erfüllt werden, hat dieselbe Heilige Kongregation zur Vermeidung und Verhinderung von Missbräuchen das Folgende nach sorgfältiger Besprechung und Abwägung festgesetzt und zur Befolgung aufgetragen:“[156]

Sie bestimmt also:

„I. Die Ausgaben der Bücher, die die heilige Liturgie betreffen, ob sie in den heiligen Handlungen zu vollziehende Riten und Gebete enthalten, oder ob sie heilige Zeremonien vorschreiben, die die oben genannten Riten und Gebete begleiten, oder ob sie die Dekrete dieser heiligen Kongregation wiedergeben, sind entweder *typicae* oder *iuxta typicam*.

II. Die Editiones *typicae* können nur die Pontificia Typographia Polyglotta Vaticana oder andere päpstliche Druckereien drucken, die die Erlaubnis durch die Heilige Ritenkongregation erhalten haben.

III. Die einzelnen Seiten der Editio typica mögen zur Überprüfung dieser Heiligen Kongregation übermittelt werden, welche die Beurteilung entweder durch die liturgische Kommission oder durch die Kommission für die Musik und den Kirchengesang entsprechend des Falles einholen wird.

IV. Jede Editio *typica* wird das Approbationsdekret wiedergeben, in dem erklärt wird, dass diese Ausgabe die Editio typica ist. Gleichzeitig wird darin allen Herausgebern vorgeschrieben, dass sie sich der genannten Editio typica im Hinblick auf künftige Ausgaben gänzlich anzupassen haben.“[157]

---

156 Vgl. DIES., Dekret: *Pluries a Sacra* (1911): „Pluries a Sacra Rituum Congregatione normae traditae sunt typographis pro editione librorum liturgicorum, praesertim per Decreta, n. 4166, 11 augusti 1905, n. 4178, 14 februarii 1906, n. 4259, 25 ianuarii vertentis anni, quod postremum respicit editionem Vaticanam eiusque reproductiones super libris cantum gregorianum continentibus, ac. n. 4263, 11 aprilis 1911. Quo vero eiusmodi normae latius pleniusque compleantur, Sacra eadem Congregatio, ad praecavendos et impediendos abusus, haec quae sequuntur, accurate discussa et perpensa, statuere voluit, atque servanda decrevit:“

157 Ebd.: „I. Editiones librorum Sacram Liturgiam spectantium, sive Ritus et Preces in sacris functionibus peragendis contineant, sive sacras Caeremonias supradictos Ritus Precesque comitantes praescribant, sive huius Sacrae Congregationis Decreta in unum collecta referant, sunt vel *Typicae*, vel *iuxta Typicas*.

Und weiters:

„V. Die Herausgeber mögen nach Fertigstellung einer Editio typica zwei Exemplare dieser heiligen Kongregation übergeben, welche im Archiv der Heiligen Kongregation selbst mit höchster Sorgfalt und Eifer aufbewahrt werden muss.

VI. Jede Druckerei kann nach Zustimmung und Approbation seitens des jeweiligen Ordinarius Editiones *iuxta typicas* drucken, welche freilich ganz genau den genannten Editiones typicae entsprechen mögen.

VII. Die hwst. Ortsordinarien mögen diese Übereinstimmung erklären und das *Imprimatur* anfügen, nachdem sie einen sorgfältigen und in liturgischen Fragen kundigen Prüfer eingesetzt haben, der prüft, ob die genannten Ausgaben vollständig mit den typicae übereinstimmen.

VIII. Bezüglich der Ausgaben der Eigenmessen oder -offizien einer Diözese, für die es keine Editio typica gibt, wenn sie in der Diözese selbst zu drucken sind, mögen die hwst. Ortsordinarien die Übereinstimmung mit den Originalen erklären und das *Imprimatur* gewähren. Bezüglich der Ausgaben der Proprien entweder einer Diözese, eines Ordens oder einer Religiosenkongregation mögen die Ortsordinarien, deren Jurisdiktion die Druckereien unterstehen, das *Imprimatur* gewähren, nachdem entweder der Ordinarius der Diözese oder der Obere des Ordens oder der Religiosenkongregation, zu der die genannten Offizien und Proprien gehören, ihnen ein Reskript bezüglich der Übereinstimmung dieser Ausgaben mit den von der Heiligen Ritenkongregation approbierten Originalen zukommen lassen. Das Reskript ist ebenfalls zu drucken.“[158]

II. Editiones *Typicas* excudere tantum possunt vel Pontificia Typographia Polyglotta Vaticana, vel alii typographi Pontificii, qui Sacra Rituum Congregatione veniam obtinuerint.
III. Singula editionis typicae folia revisioni huius Sacrae Congregationis submittentur, quae seu Commissionis Liturgicae, seu Commissionis de Musica at Cantu Sacro, iuxta opportunitatem, sententiam exquiret.
IV. Quaevis typica editio approbationis referet Decretum, talem editionem esse typicam declarans, simulque omnibus editoribus praescribens, ut praedictae editioni typicae futuras editiones omnino conforment.“

158 Ebd.: „V. Editores, aliqua editione typica completa, duo exemplaria huic Sacrae Congregationi tradent, in Archivio ipsius Sacrae Congregationis maxima cura et studio conservanda.

Konkret nennt sie die einzelnen Bücher:

„IX. Unter die Bücher, die die heilige Liturgie betreffen, sind mit Wirkung des vorliegenden Dekretes vor allem folgende zu zählen:

1. das Breviarium Romanum
2. das Missale Romanum — und deren
3. das Rituale Romanum — Exzerpte.
4. das Pontificale Romanum
5. das Martyrologium Romanum.
6. das Caeremoniale Episcoporum.
7. die Proprien sowohl der Offizien, als auch der Messen einer Diözese, eines Ordens oder einer Religiosenkongregation.
8. das Memoriale Rituum Papst Benedikt XIII. für die kleinen Kirchen.
9. die Instructio Clementina für die Aussetzung des Allerheiligsten Sakramentes.
10. die Collectio Decretorum Sacrae Rituum Congregationis.

Gegenteiliges wird aufgehoben.“[159]

VI. Quivis typographus, accedente consensu et approbatione respectivi Ordinarii, editiones iuxta Typicas, quae nempe adamussim praedictis editionibus typicis respondeant, excudere potest.
VII. Rmi locorum Ordinarii, diligenti rerumque liturgicarum perito constituto revisore, qui videat an praefatae editiones plane cum typicis concordent, talem concordantiam declarent et *Imprimatur* apponant.
VIII. Quoad editiones Missarum aut Officiorum alicuius Dioecesis Propriorum, de quibus editio typica non exstat, si in ipsa Dioecesi cudendae sint, Rmi locorum Ordinarii concordantiam cum originalibus declarent, et *Imprimatur* apponant. Quoad vero editiones Propriorum, tum alienae Dioecesis tum Ordinum Regularium seu Congregationum, Rmi locorum Ordinarii, quorum iurisdictioni typographi subiacent, *Imprimatur* apponant, postquam vel Ordinarius Dioecesis, vel Superior Ordinis seu Congregationis ad quos praedicta Officia seu Propria pertinent, de harum editionum concordantia cum originalibus a Sacra Rituum Congregatione approbatis, Rescriptum, quod pariter edendum est, sibi remiserint.“

159 Ebd.: „IX. Inter libros Sacram spectantes Liturgiam, ad effectum praesentis Decreti, sequentes praecipue adnumerandi sunt:
1. Breviarum Romanum
2. Missale Romanum — eorumque
3. Rituale Romanum — excerpta.

I.3.4 Verlautbarung der Propaganda Fide

Die Kongregation für die Verbreitung des Glaubens mahnt 1830 in einer Instruktion zur Anerkennung der römischen Reservation in der Ordnung der Sakramente, besonders der Messe, indem sie sich auf die oben erwähnten Beschlüsse des Konzils von Trient beruft:

„Niemand wird nicht verstehen, dass bei der Verwaltung der Sakramente, vor allem beim furchterregenden Opfer der Messe, die von der Kirche festgesetzten Riten zu missachten, ihnen nach Gutdünken Riten hinzuzufügen oder wegzunehmen und eine gewisse gemischte Liturgie aus den Vorgaben der Kirche und aus anderen aus eigener Kraft erdachten Riten zu formen, ... in höchster Weise zurückzuweisen ist.

Die Riten und Zeremonien sind nämlich in die Kirche eingeführt worden, damit der äußerliche Gottesdienst mit der geschuldeten Verehrung ausgeübt werde, damit die heiligen Geheimnisse, die vollzogen werden, erhabener werden und dadurch den Christgläubigen zu großer Erbauung dienen, indem sie ihre Frömmigkeit und die Inbrunst ihrer Andacht antreiben.“[160]

Nun zitiert sie das Konzil von Trient: „[...] Von daher sagt das heilige Konzil von Trient hierzu folgendes: (Sess. XXII, *de Missae sacrif.*, c. 5):

---

4. Pontificale Romanum
5. Martyrologium Romanum.
6. Caeremoniale Episcoporum.
7. Proporia tum Officiorum, tum Missarum alicuius Dioecesis, Ordinis seu Congregationis Religiosae.
8. Memoriale Rituum Benedicti Pp. XIII pro minoribus Ecclesiis.
9. Instructio Clementina pro expositione Sanctissimi Sacramenti.
10. Collectio Decretorum Sacrae Rituum Congregationis.

Contrariis non obstantibus quibuscumque.“

160 HEILIGE KONGREGATION FÜR DIE VERBREITUNG DES GLAUBENS, Instruktion (an den Apostolischen Vikar von Cochinchina): *In sacrorum administratione* (1830): „In sacrorum administratione, maxime in tremendo Missae sacrificio, ritus negligere ab Ecclesia statutos, istis pro arbitrio addere et detrahere, et mixtam quamdam liturgiam ex Ecclesiae statutis, et ex aliis proprio marte excogitatis efformare, ... summopere reprobandam (agendi rationem) esse nemo intelliget. Ritus enim et caeremoniae inductae sunt in Ecclesiam ut debita cum veneratione externus cultus erga Deum exerceatur, ut sacra quae peraguntur mysteria augustiora fiant, et sint ea in magnam christifidelium aedificationem, eorum in Deum pietatem excitando et devotionis affectum.“

‚Und da der Mensch vermöge seiner Natur so beschaffen ist, dass er ohne äußere Hilfsmittel nicht leicht zur Betrachtung der göttlichen Dinge sich erheben kann, darum hat die Kirche als eine fromme Mutter gewisse Bräuche eingeführt, wie z. B., daß Einiges in der Messe mit leiser, Anderes mit lauter Stimme gesprochen werden muß. Sie hat auch gewisse Ceremonien in Anwendung gebracht, wie z. B. mystische Segnungen, Lichter, Rauchwerk, Gewänder und viel Anderes der Art, nach apostolischer Vorschrift und Tradition, sowohl um dadurch die Majestät dieses so großen Opfers anzuzeigen, als auch um die Gemüther der Gläubigen durch diese sichtbaren Zeichen der Religion und Frömmigkeit zur Betrachtung der erhabensten, in diesem Opfer verborgenen Geheimnisse anzuregen.‘[161]“[162]

Sie fährt fort:

„Da die kirchlichen Riten und Zeremonien derart beschaffen sind, folgt daraus, dass sie kirchlichen Rechtes sind und dass es nur ihr zukommt, sie festzusetzen, wie es den Dienern der Kirche zukommt, sie genau zu beobachten, vor allem weil in diesen Riten der Kirche das implizite Bekenntnis vieler katholischer Dogmen enthalten ist. Von daher wird auch aus den Liturgien der Glaube über die Göttlichkeit des Wortes und des Heiligen Geistes, über die Wahrheit der Menschheit und Göttlichkeit Christi, über die Jungfräulichkeit der Gottesmutter, über die den Priestern überlegene Würde der Bischöfe, über die Notwendigkeit der Gnade Christi für die für das ewige Leben verdienstlichen Werke, über die Übertragung der Ursünde auf alle Menschen, über das Sakrament der Firmung, über das unblutige Opfer der Messe, über die Realpräsenz des Leibes Christi in der Eucharistie, über das Wunderbare, das in der

161 PETZ, *Des heiligen ökumenischen Concils von Trient Canonen und Decrete in neuer deutscher Übersetzung*, 209.

162 HEILIGE KONGREGATION FÜR DIE VERBREITUNG DES GLAUBENS, Instruktion (an den Apostolischen Vikar von Cochinchina): *In sacrorum administratione* (1830): „Hinc Sacrosancta Tridentina Synodus ita ad rem hanc (Sess. XXII, de Missae sacrif., c. 5): *Cumque natura hominum ea sit ut non facile queat sine adminiculis exterioribus ad rerum divinarum meditationem sustolli, propterea pia mater Ecclesia ritus quosdam, ut scilicet quaedam submissa voce, alia vero elatiore in Missa pronuntiarentur, instituit. Caeremonias item adhibuit, ut mysticas benedictiones, lumina, thymiamata, vestes aliaque id genus multa, ex Apostolica disciplina et traditione, quo et maiestas tanti sacrificii commendaretur, et mentes fidelium per haec visibilia religionis ac pietatis signa, ad rerum altissimarum, quae in hoc sacrificio latent, contemplationem excitarentur.*“

Transsubstantiation geschieht, über das Fegefeuer, über die Verehrung und die Anrufung der Heiligen und über vieles andere erhoben, wodurch es geschehen ist, dass die Theologen in den Liturgien eine theologische Quelle [fontem theologicum] erkannten, durch die uns die Lehre der Kirche gezeigt wird."[163]

Erneut greift die Kongregation auf Beschlüsse des trienter Konzils zurück und fährt fort: „Da sich dies so verhält, hat die gerade gelobte tridentinische Synode überaus richtig entschieden: (Sess. VII, *de Sacram. in genere*, can. 12[164]): ‚Wenn jemand sagt, daß die von der katholischen Kirche angenommenen und gebilligten Riten, deren man bei der feierlichen Verwaltung der Sakramente sich zu bedienen pflegt, ohne Sünde missachtet, oder von den Dienern der Kirche nach Belieben weggelassen, oder von jedem Kirchenvorsteher mit andern neuen vertauscht werden dürfen, – der sei im Banne.'[165]

Diese Bestimmung des Konzils von Trient sind den Verletzern der heiligen Riten der Kirche und vielleicht auch den Verschmähern entgegenzuhalten. Ihnen ist die Autorität der Päpste Pius' V., Clemens' VIII. und Urbans VIII. entgegenzuhalten, die das Missale Romanum mit seinen Rubriken für die gesamte Kirche durch Herausgabe dreier Konstitutionen approbierten; und gegen die Hartnäckigeren wird auch auf härtere Weise vorzugehen sein, wenn dies der evangelischen Klugheit, von der diejenigen niemals abweichen dürfen, die in der Kirche Christi regieren und leiten, angemessen erscheint."[166]

---

163 Ebd.: „Tales cum sint ecclesiastici ritus et caeremoniae, sequitur eas iuris esse Ecclesiae, ad eamque tantummodo pertinere es constituere, sicut ad Ecclesiae ministros eas amussim observare, maxime quod in hisce Ecclesiae ritibus implicita multorum catholicorum dogmatum continetur professio. Hinc etiam ex liturgiis fides eruitur de Verbi et Spiritus Sancti divinitate, de veritate humanitatis et divinitatis Christi, de virginitate Deiparae, de Episcoporum supra presbyteros dignitate, de necessitate gratiae Christi ad opera aeternae vitae meritoria, de peccati originalis in omnes homines diffusione, de Sacramento Confirmationis, de incruento Missae Sacrificio, de reali Corporis Christi praesentia in Eucharistia, de mirabili quae in ea fit transubstantiatione, de Purgatorio, de cultu et invocatione Sanctorum, aliisque pluribus, ex quo factum est ut theologi in liturgiis fontem theologicum agnoverint, ex quo Ecclesiae doctrina nobis manifestetur."

164 Hierbei ist der Kongregation in der Zitation ein Fehler unterlaufen. Es handelt sich nämlich um Kanon 13.

165 PETZ, *Des heiligen ökumenischen Concils von Trient Canonen und Decrete in neuer deutscher Übersetzung*, 65.

166 HEILIGE KONGREGATION FÜR DIE VERBREITUNG DES GLAUBENS, Instruktion (an den Apostolischen Vikar von Cochinchina): *In sacrorum*

Generell lässt sich eine Verschärfung der Reservation seitens der römischen Kurie seit dem Konzil von Trient erkennen. Den Ortsbischöfen werden seitdem immer mehr Kompetenzen entzogen, sodass sie lediglich nur mehr Wächter[167] über die Einhaltung der Anordnungen und Entscheidungen des Papstes und der römischen Kurie sind. Diese Auffassung führt schließlich zu den can. 336, 1259 und 1261, *CIC/1917*.

I.4 Weiterführende Verlautbarungen nach 1917

Der Gesetzgeber äußert sich auch noch nach der Promulgation des *CIC/1917* zu Fragen der liturgischen Ordnungskompetenz. Exemplarisch seien hier einige Verlautbarungen angeführt.

I.4.1 Papst Pius XII.

Papst Pius XII. schärft die ausschließliche Ordnungskompetenz des Papstes und die Überwachungsfunktion der Bischöfe in Nr. 58 seiner Enzyklika *Mediator Dei* von 1947 nochmals ein: „Deshalb steht nur dem Papst das Recht zu, eine gottesdienstliche Praxis anzuerkennen oder festzulegen, neue Riten einzuführen oder gutzuheißen, sowie auch jene zu ändern, die er für änderungsbedürftig hält. Die Bischöfe aber haben das Recht und die Plicht, sorgfältig darüber zu wachen, daß die kirchenrechtlichen Vorschriften betreffs des Gottesdienstes genau eingehalten werden. Es ist also nicht erlaubt,

---

administratione (1830): „Quae cum ita sint, rectissime laudata mox Tridentina Synodus ita decrevit (Sess. VII, de Sacram. in genere, can. 12): *Si quis dixerit receptos et approbatos Ecclesiae Catholicae ritus in solemni Sacramentorum administratione adhiberi consuetos, aut contemni, aut sine peccato a ministris pro libito omitti, aut in novos alios per quemcumque Ecclesiae Pastorem mutari posse, anathema sit.*
Haec in Tridentina Synodo sancita, opponenda sunt contra sacrorum Ecclesiae rituum violatores, et fortassis etiam aspernatores; opponenda ipsis est auctoritas Summorum Pontificum Pii V, Clementis VIII et Urbani VIII, qui Missale Romanum una cum suis rubricis, pro Ecclesia universa, tribus editis Constitutionibus approbarunt; et adversus pertinaces rigidiori etiam utendum erit agendi ratione, si id evangelicae prudentiae, ex qua nunquam deflectere debent qui in Ecclesia Christi regunt et gubernant, congruum esse videatur."

167 Vgl. HEILIGE RITENKONGREGATION, Allgemeines Dekret: *Quum ab anno* (1834).

dem Gutdünken von Privatpersonen, auch wenn sie zum Klerus zählen, all das Heilige und Verehrungswürdige zu überlassen, das zum religiösen Leben der christlichen Gemeinschaft, zur Ausübung des Priestertums Jesu Christi und zum Gottesdienst, zur würdigen Verehrung der Heiligsten Dreifaltigkeit, des Menschgewordenen Wortes, seiner gebenedeiten Mutter und der anderen Heiligen, sowie zur seelsorglichen Tätigkeit gehört; und ebenso ist kein Privater irgendwie befugt, auf diesem Gebiet äußere Handlungen anzuordnen, die mit der kirchlichen Disziplin, mit dem Aufbau, der Einheit und Eintracht des Mystischen Leibes Christi, ja nicht selten auch mit der Reinheit des katholischen Glaubens in engster Beziehung stehen."[168]

I.4.2 Kongregation des Heiligen Offiziums

Das Heilige Offizium bekräftigt dies im Jahr 1958 noch einmal in zwei Ermahnungen. Wovon die eine folgendes festhält:

„Dieser höchsten Heiligen Kongregation ist berichtet worden, dass einige zur Wiederherstellung der alten Gestalt der Liturgie oder zur Unterstützung der Teilnahme der Christgläubigen am Gottesdienst sich auf schriftliche Ausgaben stützen, um neue oder veraltete Orationen oder Gebete oder Lesungen der Heiligen Schrift in die liturgischen Handlungen und selbst in die Feier der Messe einzufügen oder um einige von ihnen zu entfernen.

Deshalb empfiehlt diese höchste Kongregation unter Zustimmung des Summus Pontifex, den Ortsordinarien, die das Recht und die Pflicht haben, darüber zu wachen, dass die Vorschriften der heiligen Canones über den göttlichen Kult aufmerksam beobachtet werden (can. 1261 § 1), dass sie nicht zulassen, dass neue Riten und Zeremonien oder Lesungen und Gebete ohne Konsultierung des Apostolischen Stuhles in das göttliche Offizium eingefügt werden oder von ihnen etwas weggenommen wird."[169]

---

168 ROHRBASSER, *Heilslehre der Kirche*, 157 f.

169 KONGREGATION DES HEILIGEN OFFIZIUMS, Commonitio: *Relatum est* (1958): „Relatum est ad hanc Supremam Sacram Congregationem quosdam, per speciem veteris liturgiae revocandae vel participationis christifidelium in divinis officiis iuvandae, editis scriptis adniti ut novae vel exoletae orationes seu precationes aut lectiones divinarum litterarum liturgicis functionibus et ipsi Missae celebrationi inserantur, vel ex eisdem quaedam deleantur.
Quare haec Suprema Congregatio, Summo Pontifice adprobante, locorum Ordinariis, quibus ius est et officium advigilandi ut sacrorum canonum praescripta

Sie fährt auf folgende Weise fort:

„Dieselben mögen die Kleriker ermahnen, sowohl die Säkularen wie auch die Religiosen, dass es allein dem Apostolischen Stuhl zusteht, die heilige Liturgie zu ordnen, liturgische Bücher und neue Litaneien für die öffentliche Rezitation zu approbieren (can. 1257 und can. 1259 § 2); ebenso, dass die Gebete und Frömmigkeitsübungen in den Kirchen und Oratorien ohne Prüfung und ausdrückliche Erlaubnis des Ortsordinarius nicht erlaubt werden können, der in den schwierigeren Fällen gehalten ist die ganze Sache dem Apostolischen Stuhl zu unterbreiten. (can. 1259 §1).“[170]

Eine weitere Ermahnung erfolgt im selben Jahr:

„Diese höchste Heilige Kongregation hat erfahren, dass bei einer Übersetzung des Novus Ordo für die Karwoche in die Landessprache die Worte « Mysterium Fidei » bei der Form der Kelchkonsekration unterlassen worden seien. Überdies ist berichtet worden, dass einige Priester dieselben Worte selbst bei der Zelebration der Messe unterlassen.

Deshalb erinnert diese höchste Kongregation daran, dass es frevelhaft ist, in eine solch heilige Sache Änderungen einzuführen und die Ausgaben der liturgischen Bücher zu verkürzen oder abzuändern (vgl. can. 1399, 10°).

Die Bischöfe mögen demnach im Sinne der Commonitio des hl. Offiziums vom 14. Februar 1958 Sorge tragen, dass die Vorschriften der heiligen Canones über den Kult streng eingehalten werden und sie mögen eifrig darüber wachen, dass niemand es wagen möge, auch die geringste Änderung in die Materie und Form der Sakramente einzuführen.“[171]

---

de divino cultu sedulo observentur (can. 1261 § 1), commendat ne novos ritus et caerimonias vel lectiones et precationes, inconsulta Sede Apostolica, in divina officia induci vel ex eisdem quidquam detrahi sinant.“

170 Ebd.: „Iidem moneant clericos, tum saeculares cum regulares, unius Apostolicae Sedis esse sacram liturgiam ordinare, liturgicos libros et novas litanias publice recitandas adprobare (Can. 1257 et can. 1259 § 2); orationes et pietatis exercitia in ecclesiis vel oratoriis permitti non posse sine revisione et expressa Ordinarii loci licentia, qui in casibus difficilioribus rem totam Sedi Apostolicae subiicere tenetur (can. 1259 § 1).“

171 KONGREGATION DES HEILIGEN OFFIZIUMS, Monitum: *Supremae huic* (1958): „Supremae huic Sacrae Congregationi compertum est in translatione quadam in vulgarem sermonem Novi Ordinis Maioris Hebdomadae omissa esse verba « Mysterium Fidei » in forma consecrationis Calicis. Insuper relatum est quosdam Sacerdotes eadem verba in ipsa Missa celebranda omittere.

I.4.3 Ritenkongregation

Die Einschränkungen der bischöflichen Gewalt geht sogar so weit, dass diesen durch ein Dekret der Ritenkongregation von 1946 das bisherige Recht entzogen wird[172], Nachdrucke der römischen liturgischen Bücher zu genehmigen:

„Mit wie viel Eifer die Heilige Ritenkongregation immer über die Herausgabe der liturgischen Bücher wachte, zeigen reichlich sowohl die zu diesem Zweck erlassenen Dekrete, als auch die Ehrfurcht, welche sie von allen gegenüber den heiligen Büchern verlangt. Daher die Reservierung des Titels « Päpstlicher Typograph », den sie nur wenigen und freilich bewährten Druckereien im Laufe der Zeit gewährte; daher auch die Überprüfung der heiligen Bücher, welche die Kongregation selbst mit höchster Sorgfalt durchzuführen pflegt.

Doch schon längst ist es wegen verschiedener Gründe Brauch geworden, dass jede Druckerei bei Zustimmung und Approbation des eigenen Ordinarius die liturgischen Bücher und vor allem das Missale und das römische Brevier nicht immer in der geziemenden Form und Reinheit des Textes herausgibt. Um aber diesem Schaden entgegenzuwirken, und um für die Zierde Sorge zu tragen, durch die die zum göttlichen Kult gehörigen Dinge erstrahlen sollen, und um eine vervollkommnete Lesung des heiligen Textes durchzuführen, entschied Papst Pius XII. Folgendes, wobei jegliche Bewilligung und gegenteiliger bestehender Missbrauch aufgehoben wird:“[173]

Sie bestimmt schließlich:

Quare haec Suprema Congregatio monet nefas esse in rem tam sanctam immutationes inducere et editiones librorum liturgicorum mutilare vel interpolare (cfr. can. 1399, 10°).

Curent igitur Episcopi, ad mentem Commonitionis S. Officii diei XIV Februarii MCMLVIII, ut praescripta sacrorum canonum de cultu divino stricte serventur atque sedulo advigilent ne quis audeat immutationem vel minimam in materiam et formam Sacramentorum inducere.“

172 Dies geschah wohl aus finanziellen Gründen. Vgl. NOIROT, *Liturgique (droit)*, 557.

173 HEILIGE RITENKONGREGATION, Dekret: *De facultate edendi libros liturgicos* (1946): „Quanta sedulitate liturgicis libris edendis Sacra Rituum Congregatio semper advigilaverit, cum decreta identidem in hunc finem lata, tum reverentia quam sacris Voluminibus ab omnibus haberi voluit, luculenter commonstrant. Hinc reservatio tituli « Typographi Pontificii », quem paucis tantum et quidem probatis typographis decursu temporis concessit; hinc etiam Sacrorum Librorum revisio, quam ipsamet Congregatio accuratissime peragere solet.

„1) Allein die Typographia Vaticana hat das Recht unter Ausschluss der anderen, die liturgischen Bücher zu drucken.
2) Jede Druckerei, ob sie päpstlich ist oder nicht, muss sooft von der Hl. Ritenkongregation die Erlaubnis erhalten, sooft sie diese Bücher herausgeben will.
3) Aufgabe der Güterverwaltung des Hl. Stuhles ist es, für die öffentliche Verbreitung dieser Bücher in den einzelnen Fällen Bedingungen aufzustellen.
4) Die Übereinstimmung mit der Editio Vaticana, die gemäß can. 1390 des Kodex des kanonischen Rechtes vom Ordinarius zu gewähren ist, möge von ihnen nicht unterschrieben werden, bevor nicht ein in der Liturgie wahrhaft kundiger Mann eine sorgfältige und genaue Prüfung vorgenommen hat.
5) Mit Wirkung dieses Dekrets fallen darunter folgende Bücher:

das Breviarium Romanum – das Missale Romanum – das Rituale Romanum – das Pontificale Romanum – das Martyrologium Romanum – das Caeremoniale Episcoporum – das Memoriale Rituum – das Octavarium Romanum – die Collectio Decretorum S. Rituum Congregationis.

Gegenteiliges, auch spezieller Erwähnung Notwendiges, wird aufgehoben.“[174]

Attamen iamdudum, varias ob causas, mos invaluit, ut quilibet typographus, accedente consensu atque approbatione proprii Ordinarii, libros liturgicos et praesertim Missale et Breviarium Romanum, haud semper ea qua decet forma et textus puritate, in lucem edat. Ut autem huic incommodo provideatur et decori, quo res ad divinum cultum pertinentes nitere debent, consulatur, textusque sacri emendatissima exhibeatur lectio, Sanctissimus Dominus Noster Pius Papa XII haec quae sequuntur statuenda decrevit, sublata quavis concessione atque abusu in contrarium existente:“

174 Ebd.: „1) Uni dumtaxat Typographiae Vaticanae, ceteris exclusis, libros liturgicos typis excudendi ius esto.
2) Quilibet typographus, sive pontificio diplomate gaudet, sive non, toties a S. Rituum Congregatione licentiam obtinere debebit, quoties hos libros edere velit.
3) Administrationis Bonorum S. Sedis est pro publica horum librorum divulgatione singulis vicibus condiciones ferre.
4) Concordantia cum editione Vaticana ab Ordinario, iuxta can. 1390 Cod. Iuris Canonici, concedenda, ne subscribatur ab ipsis nisi post diligentem atque accuratam viri in re liturgica periti revisionem.

Ebenso betonen can. 1145 und 1259, § 2, *CIC/1917* die Rechtsauffassung der Reservation, indem die Einführung neuer Sakramentalien und Litaneien ebenfalls alleinig dem Apostolischen Stuhl zugeschrieben wird.[175]

I.5 Begriffsbestimmung und Auslegung von can. 1257, *CIC/1917*

Durch can. 2, *CIC/1917* beschränkt sich der Gesetzgeber im Grundsatz, im *CIC* selbst keine genaueren Bestimmungen über Riten und Zeremonien[176], die in den von der lateinischen Kirche approbierten liturgischen Büchern[177] festgeschrieben sind, zu erlassen.[178] Zum einen erfolgt diese Selbsteinschränkung aus praktischen Gründen, da es nicht möglich ist, das gesamte liturgische Recht neu zu bearbeiten, zum anderen aber will der Gesetzgeber nicht von der aus dem hohen Mittelalter stammenden Tradition

---

5) Ad huius decreti effectum, hi qui sequuntur liturgici accensentur libri: Breviarium Romanum – Missale Romanum – Rituale Romanum – Pontificale Romanum – Martyrologium Romanum – Caeremoniale Episcoporum – Memoriale Rituum – Octavarium Romanum – Collectio Decretorum S. Rituum Congregationis.

Contrariis quibuscumque, etiam speciali mentione dignis, non obstantibus."

175 Vgl. can. 1145, *CIC/1917*: „Nova Sacramentalia constituere aut recepta authentice interpretari, ex eisdem aliqua abolere aut mutare, sola potest Sedes Apostolica." und can. 1259, § 2, *CIC/1917*: „Loci Ordinarius nequit novas litanias approbare publice recitandas."

176 Nach dem Konzil von Trient ist der Ritus eine wesenhafte, die Zeremonie eine akzidentelle Form der Liturgie. Vgl. MÖRSDORF, *Lehrbuch des Kirchenrechts*, 1964, Bd. I, 65, Anm. 1.

177 Zu den liturgischen Büchern zählen nicht nur im engeren Sinne Bücher wie z. B. *Missale romanum, Rituale romanum* oder *Pontificale romanum* sondern auch im weiteren Sinne die päpstlichen Erlasse betreffend die Liturgie und die *Decreta authentica* der Ritenkongregation. Vgl. MÖRSDORF, *Lehrbuch des Kirchenrechts*, 1964, Bd. I, 65 f.

178 Vgl. can. 2, *CIC/1917*: „Codex, plerumque, nihil decernit de ritibus et caeremoniis quas liturgici libri, ab Ecclesia Latina probati, servandas praecipiunt in celebratione sacrosancti Missae sacrificii, in administratione Sacramentorum et Sacramentalium aliisque sacris peragendis. Quare omnes liturgicae leges vim suam retinent nisi earum aliqua in Codice expresse corrigatur."

abweichen, den Inhalt des Gesetzbuches rein rechtlich, disziplinarisch[179] zu gestalten.[180] So beschränken sich die liturgischen Bestimmungen des *CIC/1917* auch auf den disziplinarischen Aspekt des liturgischen Rechtes bis auf wenige Ausnahmen, die gewisse Zweifel klären, Defekte unterbinden oder „akzidentelle Formen [...] verbessern“[181] wollen.[182] Ältere allgemeine liturgische Normen und Partikularnormen werden durch can. 6, 1° und 6°, *CIC/1917* aufgehoben, soweit dem nicht ausdrücklich widersprochen wird, sofern sie dem *CIC* entgegenstehen. Strafdrohungen aus den liturgischen Büchern jedoch werden durch can. 6, 5°, *CIC/1917* generell abgeschafft.

Es ist in can. 2, *CIC/1917* ausdrücklich von den von der lateinischen Kirche approbierten Büchern die Rede. Dies stellt einerseits eine Abgrenzung von den katholischen Ostkirchen dar, die sich nach can. 1, *CIC/1917* nicht im Geltungsbereich des *CIC* befinden.[183] Der *CIC* nimmt durch den Bezug

---

179 Vgl. can. 6, *CIC/1917*: „Codex vigentem huc usque disciplinam plerumque retinet, licet opportunas immutationes afferat. Itaque:
1° Leges quaelibet, sive universales sive particulares, praescriptis huius Codicis oppositae, abrogantur nisi de particularibus legibus aliud expresse caveatur;
2° Canones qui ius vetus ex integro referunt, ex veteris iuris auctoritate, atque ideo ex receptis apud probatos auctores interpretationibus, sunt aestimandi;
3° Canones qui ex parte tantum cum veteri iure congruunt, qua congruunt, ex iure antiquo aestimandi sunt; qua discrepant, sunt ex sua ipsorum sententia diiudicandi;
4° In dubio num aliquod canonum praescriptum cum veteri iure discrepet, a veteri iure non est recedendum;
5° Quod ad poenas attinet, quarum in Codice nulla fit mentio, spirituales sint vel temporales, medicinales vel, ut vocant, vindicativae, latae vel ferendae sententiae, eae tanquam abrogatae habeantur;
6° Si qua ex ceteris disciplinaribus legibus, quae usque adhuc viguerunt, nec explicite nec implicite in Codice contineatur, ea vim omnem amisisse dicenda est, nisi in probatis liturgicis libris reperiatur, aut lex sit iuris divini sive positivi sive naturalis.“

180 Vgl. KELLER, *Liturgie und Kirchenrecht*, 343.

181 MÖRSDORF, *Lehrbuch des Kirchenrechts*, 1964, Bd. I, 65.

182 Can. 947, § 2 und 3, *CIC/1917* ändert die Form der Letzten Ölung dahingehen, dass die Lenden gar nicht mehr und die Füße aus jedem vernünftigen Grund nicht mehr zu salben sind: „ §2. Unctio renum semper omittatur. §3. Unctio pedum ex qualibet rationabili causa omitti potest.“

183 Vgl. can. 1, *CIC/1917*: „Licet in Codice iuris canonici Ecclesiae quoque Orientalis disciplina saepe referatur, ipse tamen unam respicit Latinam Ecclesiam,

auf die lateinische Kirche, deren Leitung beim Papst liegt, den liturgischen Regelungsanspruch nur für das von ihm und in seinem Namen erlassene bisherige liturgische Recht aus. Bischöfliches Recht wird dadurch theoretisch abrogiert, obwohl ausdrücklich Sakramente und Sakramentalien genannt werden, die in Diözesanritualien auch lediglich von Bischöfen herausgegeben werden. Allerdings gelten diese praktisch weiter. Kommentatoren dieses Kanons ziehen diese Schlüsse nämlich nicht.[184]

Der *CIC* also beschränkt sich darauf, die „Gebote und Verbote und Strafbestimmungen hinsichtlich des Vollzuges gottesdienstlicher Handlungen"[185] zu deren Schutz zu behandeln, um die „Beschreibung der gottesdienstlichen Funktionen und Gebetstexte"[186] weiterhin den liturgischen Büchern zu überlassen.[187]

---

neque Orientalem obligat, nisi de iis agatur, quae ex ipsa rei natura etiam Orientalem afficiunt."

184 Vgl. RAU, *Die Feiern der Gemeinden und das Recht der Kirche*, 201, Anm. 71.

185 MÖRSDORF, *Lehrbuch des Kirchenrechts*, 1964, Bd. I, 64.

186 Ebd.

187 Was die Rechte des Diözesanbischofs betrifft nennen die *Rubricae Breviarii et Missalis Romani* (1960) die Einrichtung eines Diözesankalenders mit Approbation der Ritenkongregation (Nr. 50: „Calendarium particulare seu proprium est dioecesanum aut religiosum; et conficitur inserendo calendario universali festa particularia. Huiusmodi autem calendarium particulare perpetuum conficiendum est respective ab Ordinario loci aut a supremo Religionis Moderatore de consilio sui Capituli vel Consilii generalis, et approbari debet a S. Rituum Congregatione."), die Einschätzung der Umstände im Zusammenhang mit der Abhaltung einer Prozession am großen Bitttag (*Litaniae maiores*) (Nr. 82: „Iuxta ecclesiarum et locorum condiciones et consuetudines, cuius rei iudex est Ordinarius loci, hoc die fit processio, in qua dicuntur Litaniae Sanctorum (quae tamen non duplicantur) cum suis precibus."), die Einsetzung von besonderen Bittgebeten anstelle dieser Prozession (Nr. 83: „Si autem processio fieri nequit, locorum Ordinarii instituant peculiares supplicationes, in quibus dicantur Litaniae Sanctorum et aliae preces in processione fieri solitae."), die Verlegung der kleinen Bittage (*Litaniae minores*) (Nr. 87: „Litaniae minores seu Rogationes, per se, assignantur feriis II, III et IV ante festum Ascensionis Domini. Ordinariis autem locorum facultas tribuitur eas transferendi ad alios tres dies continuos magis opportunos iuxta regionum diversitatem aut consuetudinem aut necessitatem."), die Verlegung der äußeren Feier eines Festes, das beim Volk besondere Anteilnahme hervorruft (Nr. 358, i: „Solemnitas externa ipso iure competit dumtaxat: i) festis I et II classis, quae cum peculiari populi concursu celebrantur: cuius rei iudex est loci Ordinarius."), die Festsetzung des Tages der äußeren Feier (Nr. 359:

„Solemnitas externa, si ipso iure competit, nec supra, n. 358, pro quibusdam solemnitatibus externis aliter statuatur, fieri potest aut ipso die quo festum impeditur, aut in dominica immediate praecedenti vel immediate sequenti Officium festi impediti, iuxta rubricas. Si vero peculiari indulto conceditur, solemnitas externa diei definito assignatur."), die Erlaubniserteilung einer Messe *In anniversario coronationis Papæ* zu Tagen, an denen eine besondere Feier zu Ehren des Papstes stattfindet (Nr. 365: „Una Missa « In anniversario coronationis Papae » permittitur, de consensu Ordinarii loci, tamquam votiva II classis, in singulis ecclesiis, die quo peculiares aguntur celebrationes in honorem Summi Pontificis."), die Erlaubniserteilung einer Votivmesse *pro re gravi et publica simul causa* (Nr. 366: „Nomine Missae votivae pro re gravi et publica simul causa intellegitur Missa quae, de mandato vel consensu Ordinarii loci, cum populi concursu celebratur, pro aliqua gravi necessitate vel utilitate spirituali vel temporali, quae communitatem vel notabilem ipsius partem afficit."), die Erlaubniserteilung des feierlichen Brautsegens in gesperrten Zeiten (Nr. 378: „Missa votiva « Pro Sponsis », vel saltem eius oratio in Missa diei impedientis, permittitur quoties nuptiae celebrantur, sive extra tempus clausum, sive etiam tempore clauso, si loci Ordinarius, ex iuxta causa, solemnem nuptiarum benedictionem permiserit."), die Festlegung des Missionssonntag (Nr. 453: „Paenultima dominica mensis octobris, aut alia ab Ordinario loci statuta « pro Missionibus », in omnibus Missis, orationi Missae additur, sub unica conclusione, oratio pro Fidei propagatione, exceptis diebus sub n. 1, 2, 3 et 8 in tabella praecedentiae recensitis.") und die Bestimmungen zu den *orationes imperatae* (Nr. 454–460:

„454. Nomine orationis imperatae intellegitur oratio, quam Ordinarius loci imperare potest, occurrente gravi et publica necessitate aut calamitate.

455. Tamquam imperata, ab Ordinario loci praescribi potest quaelibet oratio e Missis, quae tamquam votivae celebrari permittuntur, aut ex orationibus ad diversa, aut ex Missis et orationibus pro defunctis.

456. Maxime convenit ut Ordinarius loci orationem imperatam non modo stabili imponat, sed tantum ex causa revera gravi et per spatium quod tempus verae necessitatis non excedat.

457. Oratio imperata:

a) una tantum esse potest;

6) dici debet ab omnibus sacerdotibus Sacrum facientibus in ecclesiis et oratoriis, etiam exemptis, dioecesis;

c) numquam dicitur sub unica conclusione cum oratione Missae, sed post commemorationes privilegiatas;

d) prohibetur omnibus diebus liturgicis I et II classis, in Missis votivis I et II classis, in Missis in cantu et quoties commemorationes privilegiatae numerum pro singulis diebus liturgicis statutum compleverint.

Trotzdem greift der *CIC* in die liturgischen Bücher ein, indem er vorschreibt, sie zu korrigieren, wenn er etwas ändert.[188]

---

458. Oratio imperata pro defunctis dicitur tantum in feriis IV classis, et in Missis votivis aut defunctorum lectis IV classis.
459. In publica calamitate aut necessitate, natura sua per longius tempus persistente (v. gr. bello, pestilentia et similius), Ordinarius loci imponere quidem potest orationem imperatam convenientem pro toto tempore infausti eventus; sed haec oratio:
a) dicitur tantummodo feriis secunda, quarta et sexta;
i)) prohibetur iisdem diebus et in Missis de quibus supra, n. 457 d.
460. Occurrente urgentiore, gravi et publica necessitate aut calamitate, nec tempus suppetat adeundi Ordinarium loci, parochus, intra fines suae paroeciae, etiam pro ecclesiis et oratoriis exemptis, statuere potest orationem convenientem dicendam per tres dies continuos. Haec oratio iisdem diebus et in iisdem Missis prohibetur ac oratio ab Ordinario loci imperata (n. 457 d) ; quae, si dicenda esset, omittitur.“).

188 So geschehen durch can. 775 und 776, *CIC/1917* (Taufort): „Can. 775. – Si ad ecclesiam paroecialem, aut ad aliam quae iure fontis gaudeat, baptizandus, propter locorum distantiam aliave adiuncta, sine gravi incommodo aut periculo, accedere aut transferri nequeat, baptismus sollemnis a parocho conferri potest et debet in proxima ecclesia aut oratorio publico intra paroeciae fines, licet haec baptismali fonte careant.
Can. 776 – §1. In domibus autem privatis baptismus sollemnis administrari non debet, nisi hisce in adiunctis:
1° Si baptizandi sint filii aut nepotes eorum qui supremum actu tenent populorum principatum vel ius habent succedendi in thronum, quoties isti id rite poposcerint;
2° Si loci Ordinarius, pro suo prudenti arbitrio et conscientia, iusta ac rationabili de causa, in casu aliquo extraordinario id concedendum censuerit.
§2. In memoratis casibus baptismus conferendus est in sacello domus aut saltem in alio decenti loco, et aqua baptismali de more benedicta.“, can. 870, *CIC/1917* (Definition des Sakramentes der Buße): „In poenitentiae sacramento, per iudicialem absolutionem a legitimo ministro impertitam, fideli rite disposito remittuntur peccata post baptismum commissa.“, can. 947, § 2 und 3, *CIC/1917* (Form der Letzten Ölung) und can. 1265, *CIC/1917* (Aufbewahrung der Eucharistie): „§1. Sanctissima Eucharistia, dummodo adsit qui eius curam habeat et regulariter sacerdos semel saltem in hebdomada Missam in sacro loco celebret:
1° Custodiri debet in ecclesia cathedrali, in ecclesia principe Abbatiae vel Praelaturae nullius, Vicariatus et Praefecturae Apostolicae, in qualibet ecclesia paroeciali vel quasi-paroeciali et in ecclesia adnexa domui religiosorum exemptorum sive virorum sive mulierum;

Der Gottesdienst wird durch can. 1255, §1, *CIC/1917* definiert[189], der den ersten Kanon des dritten Teils des dritten Buches des *CIC/1917*, welcher den göttlichen Kult behandelt, darstellt. Es wird zunächst zwischen der Anbetung (*latria*) Gottes, der hohen Verehrung (*hyperdulia*) der Gottesmutter und der einfachen Verehrung (*dulia*) der Heiligen und Seligen unterschieden. Letzten Endes richten sich aber auch die beiden letzteren Formen in erster Linie auf Gott selbst. Gleiches gilt auch für die Verehrung von Reliquien und Bildern, die im Gegensatz zum absoluten Kult der Person gegenüber (*cultus absolutus*) einen relativen Kult (*cultus relativus*) darstellt, d.h. sie richtet sich nicht auf die Reliquie bzw. das Bild selbst, sondern auf die Person, von der sie stammt bzw. die dargestellt wird.[190]

Zudem kann die Liturgie auch hinsichtlich ihrer Zielrichtung unterschieden werden. Der ausschließliche bzw. primäre Gotteskult unterscheidet sich als latreutische Liturgie von der sakramentalen Liturgie, die primär gnadenvermittelnd wirkt. So ist die Heilige Messe primär Gotteskult und sekundär gnadenspendend, die Krankensalbung hingegen hat als primäres Ziel die Gnadenvermittlung.[191]

Weiters unterscheidet can. 1256, *CIC/1917* zwischen kirchenamtlichem (*cultus publicus*) und privatem Kult (*cultus privatus*). Kirchenamtlich ist derjenige Kult, der im Namen der Kirche von gesetzmäßig dazu bestellten Personen in von der Kirche angeordneten Akten Gott, den Heiligen und

---

2° Custodiri potest, de licentia Ordinarii loci, in ecclesia collegiata et in oratorio principali sive publico sive semi-publico tum domus piae aut religiosae, tum collegii ecclesiastici quod a clericis saecularibus vel a religiosis regatur.
§2. Ut in aliis ecclesiis seu oratoriis custodiri possit, necessarium est indultum apostolicum; loci Ordinarius hanc licentiam concedere potest tantummodo ecclesiae aut oratorio publico ex iusta causa et per modum actus.
§3. Nemini licet sanctissimam Eucharistiam apud se retinere aut secum in itinere deferre."

189 Vgl. can. 1255, § 1, *CIC/1917*: „Sanctissimae Trinitati, singulis eiusdem Personis, Christo Domino, etiam sub speciebus sacramentalibus, debetur cultus latriae; Beatae Mariae Virgini cultus hyperduliae; aliis cum Christo in caelo regnantibus cultus duliae."

190 Vgl. can. 1255, § 2, *CIC/1917*: „Sacris quoque reliquiis atque imaginibus veneratio et cultus debetur relativus personae ad quam reliquiae imaginesque referuntur."

191 Vgl. WERNZ-VIDAL, *Ius canonicum*, Bd. IV,1, 407.

Seligen dargebracht wird. Alles andere ist privater Kult. Die von der Kirche bestellten Personen sind sowohl natürliche Personen, wie vor allem Kleriker aber auch Ordensfrauen[192], als auch juristische Personen, wie Orden, die von der Kirche zum Abhalten des Chorgebetes bestellt sind.[193]

Sobald also entweder eine nicht rechtmäßig dazu bestellte Person einen von der Kirche angeordneten Akt vollzieht oder eine rechtmäßig dazu bestellte Person einen von der Kirche nicht angeordneten Akt vollzieht, kann man im engen Sinn nicht mehr von kirchenamtlichem Kult sprechen.[194] Der Begriff privater Kult ist also nicht in dem Sinne zu verstehen, dass z. B. das privat korrekt von einem gültig geweihten Kleriker persolvierte Stundengebet ein privater Kult (*cultus privatus*) sondern durchaus ein kirchenamtlicher Kult darstellt. So empfiehlt es sich, den Begriff *cultus privatus* eher als nicht kirchenamtlicher Kult wiederzugeben.

Es stellt sich die Frage, ob die Spendung der Sakramente z. B. der Taufe, auch wenn sie in Riten vollzogen wird, die aus nicht vom Apostolischen Stuhl approbierten Diözesanritualien entnommen sind und somit eine Bedingung für den kirchenamtlichen Kult nicht gegeben ist, als nicht kirchenamtlicher Kult gilt. Denn damit würde man der Spendung eines von Christus eingesetzten Sakraments, das durch die korrekte Anwendung der Form und Materie durchaus gültig gespendet wird, die Bezeichnung kirchenamtlicher Kult absprechen. Angesichts dieser Überlegung liegt doch wieder die Annahme nahe, die VERMEERSCH vertritt, nämlich das *et* des can. 1256, *CIC/1917* mit „entweder-oder" zu interpretieren. Dieser beruft sich in seiner Annahme auf eine Konstitution Papst Benedikt

---

192 Vgl. can. 610, § 1 und 2: „§1. In religionibus sive virorum sive mulierum, quibus est chori obligatio, in singulis domibus ubi quatuor saltem sint religiosi choro obligati et actu legitime non impediti, et etiam pauciores, si ita ferant constitutiones, debet ad normam constitutionum quotidie divinum officium communiter persolvi.
§2. Missa quoque officio diei respondens secundum rubricas quotidie celebrari debet in religionibus virorum et etiam, quoad fieri possit, in religionibus mulierum."

193 Vgl. KELLER, *Liturgie und Kirchenrecht*, 357.

194 Es gibt in der Literatur allerdings auch die Ansicht, das *et* als entweder-oder zu übersetzen, sodass beide Bedingungen nicht gegeben sein mussten, um dem Kult die kirchenamtliche Dimension abzusprechen. Vgl. VERMEERSCH-CREUSEN, *Epitome Iuris Canonici*, 406 f.

XIV., die die unrechtmäßige Verehrung von verstorbenen Dienern Gottes verurteilte.[195] Diese könnte auch von Privatpersonen ausgeübt werden, womit für den kirchenamtlichen Gottesdienst nicht nur von der Kirche dazu rechtmäßig bestellte Personen nötig wären. Diese Begründung gilt aber als nicht zuverlässig, da das Dokument nur den Ausdruck *privatim* enthält, was noch nicht auf Privatpersonen schließen lässt, sondern analog zum privaten Breviergebet auch die private Verehrung einer rechtmäßigen Amtsperson bedeutet.

Der Begriff der *sacra liturgia* erstreckt sich im Zusammenhang mit can. 2, *CIC/1917* und can. 1256, *CIC/1917*, der den Begriff kirchenamtlicher Kult definiert, auf das Messopfer, die übrigen Sakramente, das kirchliche Stundengebet, Sakramentalien und sonstige heilige Handlungen. So versteht sich der Begriff Liturgie als die äußere Form der Handlung des Gottesdienstes, welcher auch durch Gedanken, wie z. B. Gelübde ausgeübt werden kann.[196] Der kirchenamtliche Kult, der im Namen der Kirche von rechtmäßig dazu beauftragten Personen in von der Kirche eingesetzten Akten vollzogen wird, ist also die Definition der Liturgie nach dem *CIC/1917*.[197]

Es steht alleine dem Apostolischen Stuhl zu, die heilige Liturgie zu regeln (*ordinare*) und die liturgischen Bücher zu approbieren (*approbare*).

Im Kontext des Kanons wird man dem Verb *ordinare* wohl gerecht, wenn man es mit regeln übersetzt.[198] Der Apostolische Stuhl trägt Sorge, dass die liturgischen Belange in einer gerechten Ordnung bleiben bzw. in diese zurück überführt werden, wo es notwendig ist. In diesem Fall kann *ordinare* also auch mit ordnen übersetzt werden. Der Apostolische Stuhl trifft Regelungen bzw. erlässt Gesetze, durch die die Ordnung verwirklicht wird.

Unter approbieren versteht man „in formaler u[nd][.] inhaltlicher Hinsicht die Genehmigung, Anerkennung od[er][.] Bestätigung rechtsgeschäftlichen Handelns aufgrund rechtskonstitutiver Mitwirkung durch übergeordnete Instanzen.“[199] Die *Approbatio* unterscheidet sich von der *probatio* bzw. von der *recognitio* dahingehend, dass die *probatio* einen

195 Vgl. BENEDIKT XIV., Konstitution: *Quamvis iusto* (1749), § 12.
196 Vgl. HILLING, *Das Sachenrecht des Codex Juris Canonici*, 153.
197 Vgl. KELLER, *Liturgie und Kirchenrecht*, 362.
198 Vgl. KÖSTLER, *Wörterbuch zum Codex Iuris Canonici*, 247.
199 RIEDEL-SPANGENBERGER, *Approbatio*, 146.

Rechtsakt lediglich seiner Förmlichkeit legitimiert, die *recognitio* aber eine „Bestätigung einer Handlung od[er][.] eines Sachverhalts im Rahmen der geltenden Rechtsbestimmungen"[200] darstellt.[201]

Verschiedene Rechtsakte werden durch die *approbatio* vollendet und erlangen dadurch ihre Rechtswirksamkeit. Voraussetzung für den Abschluss eines approbierten Rechtsgeschäftes sind rechtsfähige Personen und die Einhaltung der formalen Bedingungen.

Die Approbation kann rechtsbegründend oder rechtsbekräftigend wirken. Ersteres wenn sie vorgängig zu gültigen Rechtsakten befähigt; letzteres, wenn sie die nachträgliche Legitimierung einer Handlung bzw. Sachverhalts einer untergeordneten Instanz darstellt. Rechtsbegründend kann eine Approbation aber auch sein, wenn sie nachträglich einen Rechtsakt erst gültig abschließt, und rechtsbekräftigend kann eine Approbation auch sein, wenn „ein bereits rechtswirksames Rechtsgeschäft dadurch zum Vollzug freigegeben od[er][.] ein bestehendes Rechtsgeschäft anerkannt wird."[202]

In Bezug auf can. 1257, *CIC/1917* meint *approbare* also die Billigung der liturgischen Bücher, die entweder von der Ritenkongregation meist hinsichtlich der Rubriken überarbeitet werden, gemäß der Definition des Apostolischen Stuhles in can. 7, *CIC/1917* durch die höhere Instanz, also den Papst, oder die von Ortskirchen erarbeiteten eigenen liturgischen Bücher (z.B. Diözesanritualien), durch die höhere Instanz, also die Ritenkongregation. Der Apostolische Stuhl approbiert also im Sinne des Subsidiaritätsprinzips

---

200 Ebd.

201 In Bezug auf die Legitimierung der liturgischen Bücher ging der *CIC/1983* in can. 838, § 2 und § 3 dazu über, das Wort *recognoscere* bzw. *recognitio* zu verwenden. („§ 2. Apostolicae Sedis est sacram liturgiam Ecclesiae universae ordinare, libros liturgicos edere eorumque versiones in linguas vernaculas recognoscere, necnon advigilare ut ordinationes liturgicae ubique fideliter observentur. § 3. Ad Episcoporum conferentias spectat versiones librorum liturgicorum in linguas vernaculas, convenienter intra limites in ipsis libris liturgicis definitos aptatas, parare, easque, edere, praevia recognitione Sanctae Sedis.") Dies hängt mit der Aufwertung der liturgischen Ordnungskompetenz der teilkirchlichen Instanzen durch das Zweite Vatikanische Konzil zusammen. Nunmehr werden liturgische Bücher durch den Apostolischen Stuhl nur noch überprüft, anstatt gebilligt. Jedoch handelt es sich hierbei nur um eine Wortverschiebung, denn praktisch entspricht die *recognitio* der *approbatio*.

202 RIEDEL-SPANGENBERGER, *Approbatio*, 147.

in der Person des Papstes oder in seinem Namen durch die zuständige Kongregation.

I.6 Gewohnheitsrecht (can. 25–30, *CIC/1917*)

Das Gewohnheitsrecht (*consuetudo*) bildet in der Kanonistik eine Alternative zur geschriebenen Norm und hat somit eine grundlegende Rolle inne. Sie ist neben der Gesetzgebung eine zweite Rechtsquelle. Gewohnheit ist nach can. 26, *CIC/1917* „das ständige Verhalten eines mehr oder minder großen [und beständigen] Teiles des christlichen Volkes“[203], d.h. nur einer Gemeinschaft in Form der ganzen Kirche, oder z.B. einer Metropolie, Diözese, Domkapitel, Orden oder gar in manchen Fällen einer Pfarrei[204], nie aber einzelner oder einiger Personen.[205] Die Gemeinschaft muss jedenfalls „passiv gesetzesfähig“[206] sein, d.h. sie muss Empfänger eines Gesetzes sein können.

Der Gesetzgeber muss der Gewohnheit nach can. 25, *CIC/1917* zustimmen, um Rechtsgültigkeit zu erlangen.[207] Diese Zustimmung stellt die Rechtsbildung dar, nicht aber die Übung der Gewohnheit des Volkes, da ja gemäß can. 109, *CIC/1917* nur die kirchliche Hierarchie die gesetzgebende Gewalt inne hat.[208] Die Zustimmung ist von Rechts wegen gegeben, wenn die Gewohnheit „seit einer mehr oder minder langen Zeit besteht und ‚vernünftig‘ ist.“[209] Von Bedeutung sind die hundertjährigen und unvordenklichen Gewohnheiten. Sie dürfen freilich dem göttlichen Recht und dem

---

203 MARTIMORT, *Handbuch der Liturgiewissenschaft*, 83.

204 Diese Ebene des Gewohnheitsrechts wird weiter unten noch genauer behandelt werden.

205 Vgl. can. 26, *CIC/1917*: „Communitas quae legis ecclesiasticae saltem recipiendae capax est, potest consuetudinem inducere quae vim legis obtineat.“

206 MÖRSDORF, *Lehrbuch des Kirchenrechts*, 1964, Bd. I, 1124.

207 Vgl. can. 25, *CIC/1917*: „Consuetudo in Ecclesia vim legis a consensu com petentis Superioris ecclesiastici unice obtinet.“

208 Vgl. can. 109, *CIC/1917*: „Qui in ecclesiasticam hierarchiam cooptantur, non ex populi vel potestatis saecularis consensu aut vocatione adleguntur; sed in gradibus potestatis ordinis constituuntur sacra ordinatione; in supremo pontificatu, ipsomet iure divino, adimpleta conditione legitimae electionis eiusdemque acceptationis; in reliquis gradibus iurisdictionis, canonica missione.“

209 MARTIMORT, *Handbuch der Liturgiewissenschaft*, 83.

Naturrecht nicht widersprechen.[210] Außerdem sind sie unvernünftig, wenn sie den kirchlichen Verfassungsgrundsätzen oder der *mens legislatoris* zuwider laufen.

Die Gewohnheit muss „von dem überwiegenden Teil (pars maior et sanior) der Gemeinschaft [...] einheitlich und ständig befolgt worden sein."[211]

Der Gesetzgeber kann die Zustimmung entweder ausdrücklich oder stillschweigend erteilen, sie kann der Gewohnheit vorausgehen oder nachfolgen und sie kann sich auf eine einzelne oder eine Gruppe von Gewohnheiten beziehen.

Der allgemeine Legalkonsens ist die wichtigste Zustimmungsart. Er ist „die vorgängige ausdrückliche Erklärung des Gesetzgebers, unter welchen Voraussetzungen einer Gewohnheit rechtserzeugende Kraft zukommt."[212]

Man unterscheidet zwischen universalen und partikularen Gewohnheiten.

Sowohl die Ausübung einer Gewohnheit als auch das dadurch geschaffene objektive Recht, werden als *consuetudo* bezeichnet, allerdings ist ersteres eine *consuetudo facti* letzteres die *consuetudo iuris*.

I.6.1 consuetudo secundum legem

Die Gewohnheit entsprechend dem Gesetz ist die einfachste Form von *consuetudo*.

Can. 29, *CIC/1917* erklärt die Gewohnheit zur besten Interpretin des Gesetzes: „Consuetudo est optima legum interpres." Dies gilt besonders auf dem liturgischen Bereich. „Die lebendige Übung ist der schriftlichen Fassung der Rubriken stets vorausgegangen und erhellt ständig deren wahren Sinn. Sie ergänzt ihre Lücken und Unklarheiten und entscheidet dort, wo jene einander widersprechen."[213]

---

210 Vgl. can. 27, § 1, *CIC/1917*: „Iuri divino sive naturali sive positivo nulla consuetudo potest aliquatenus derogare; sed neque iuri ecclesiastico praeiudicium affert, nisi fuerit rationabilis et legitime per annos quadraginta continuos et completos praescripta; contra legem vero ecclesiasticam quae clausulam contineat futuras consuetudines prohibentem, sola praescribere potest rationabilis consuetudo centenaria aut immemorabilis."

211 MÖRSDORF, *Lehrbuch des Kirchenrechts*, 1964, Bd. I, 125.

212 Ebd., 124.

213 MARTIMORT, *Handbuch der Liturgiewissenschaft*, 84.

I.6.2 consuetudo praeter legem

Die außergesetzliche Gewohnheit bewegt sich in den Lücken, die das Gesetz lässt. Sie widerspricht ihm aber nicht.

Betreffend Verjährungsfristen, Gemeinschaftlich- und Vernünftigkeit gelten für diese Form von Gewohnheit die gleichen Maßstäbe wie für die *consuetudo contra legem.*

I.6.3 consuetudo contra legem

Die Gewohnheit gegen das Gesetz „richtet sich gegen bestehendes Gesetzesrecht und ringt mit diesem um die Vorherrschaft."[214]

Die Gewohnheit gegen das Gesetz auf liturgischer Ebene ist wegen der Einheitsbestrebung des Gesetzgebers umstritten, obschon die Mehrheit der Autoren für eine derartige Möglichkeit ist. Allerdings muss die Gewohnheit vernünftig und unvordenklich sein.[215] Die Vernünftigkeit kann aber in der Regel nicht gegen die Bestimmungen des *CIC/1917* standhalten, auch wenn die Gewohnheit Jahrhunderte alt ist.[216] So verwirft can. 818, *CIC/1917* auch ausdrücklich Gewohnheiten, die sich gegen die Rubriken der liturgischen Bücher richten, oder willkürliche Hinzufügungen von Zeremonien und Gebeten.[217] „Solche Mißbräuche, auch wenn sie noch so lange angedauert haben, können niemals zu einem rechtmäßigen Brauch werden, weil sie zu unmittelbar an das rühren, was die Kirche als Heiliges hütet."[218]

Vernünftig aber wird eine Gewohnheit dadurch, dass sie einen Nutzen zum Guten hat oder „eine Abhilfe gegen eine wirkliche Unzuträglichkeit"[219] darstellt und „für das Gemeinschaftsganze möglich"[220] ist. So hat

---

214 AYMANS, *Kanonisches Recht*, Bd. I, 194.

215 Vgl. PIUS XII., Enzyklika: *Musicae sacrae* (1955).

216 Vgl. can. 27, § 2, *CIC/1917*: „Consuetudo quae in iure expresse reprobatur non est rationabilis."

217 Vgl. can. 818, *CIC/1917*: „Reprobata quavis contraria consuetudine, sacerdos celebrans accurate ac devote servet rubricas suorum ritualium librorum, caveatque ne alias caeremonias aut preces proprio arbitrio adiungat."

218 MARTIMORT, *Handbuch der Liturgiewissenschaft*, 84.

219 Ebd.

220 MÖRSDORF, *Lehrbuch des Kirchenrechts*, 1964, Bd. I, 125.

die Gewohnheit Anteil an der Vernünftigkeit des Gesetzes. Gott zu loben und die Menschen zu heiligen, was das Ziel der Liturgie darstellt, müssen die Beweggründe für eine Gewohnheit gegen das Gesetz sein. Es muss der freie und bewusste Wille vorhanden sein, sich durch die Übung der Gewohnheit zu verpflichten. Ein Urteil über diese Gegebenheiten einer bestehenden Übung einer Gewohnheit (*consuetudo facti*) fällt der Ortsbischof, der Sorge für die Liturgie[221] trägt.[222] So kommt ihm in der Beurteilung der Vernünftigkeit einer Gewohnheit gegen das Gesetz ein wirkliches liturgisches Recht zu.

Nach can. 5, *CIC/1917* verlieren alle dem *CIC* entgegenstehenden Gewohnheiten ihre Legitimation, sofern nichts anderes vorgesehen ist.[223] Eine hundertjährige oder seit unvordenklicher Zeit bestehende und ununterbrochen geübte Gewohnheit gegen das Gesetz gilt somit erst als aufgehoben, wenn der Gesetzgeber dies ausdrücklich wünscht.[224]

Andere Gewohnheiten verjähren in der Regel bereits nach 40 Jahren, wenn sie der Apostolische Stuhl oder der Ortsbischof nicht vorher abschaffen.[225]

---

221 Vgl. can. 1261, § 1, *CIC/1917*: „Locorum Ordinarii advigilent ut sacrorum canonum praescripta de divino cultu sedulo observentur, et praesertim ne in cultum divinum sive publicum sive privatum aut in quotidianam fidelium vitam superstitiosa ulla praxis inducatur, aut quidquam admittatur a fide alienum vel ab ecclesiastica traditione absonum vel turpis quaestus speciem praeseferens."

222 Vgl. MARTIMORT, *Handbuch der Liturgiewissenschaft*, 84.

223 Vgl. can. 5, *CIC/1917*: „Vigentes in praesens contra horum statuta canonum consuetudines sive universales sive particulares, si quidem ipsis canonibus expresse reprobentur, tanquam iuris corruptelae corrigantur, licet sint immemorabiles, neve sinantur in posterum reviviscere; aliae, quae quidem centenariae sint et immemorabiles, tolerari poterunt, si Ordinarii pro locorum ac personarum adiunctis existiment eas prudenter submoveri non posse; ceterae suppressae habeantur nisi expresse Codex aliud caveat."

224 Es wird dann z.B. folgende Klausel verwendet: „non obstante quacunque consuetudine etiam centenaria aut immemorabili" (MÖRSDORF, *Lehrbuch des Kirchenrechts*, 1964, Bd. I, 126.).

225 Vgl. can. 27, § 1, *CIC/1917*.

Nach Unterbrechungen der Verjährungsfristen durch Nichtübung, gegenteilige Übung und Einspruch des Gesetzgebers beginnt diese von Neuem.

Auf liturgischer Ebene ist zu unterscheiden zwischen den eher disziplinären Gebräuchen gegen das Gesetz, die beim Inkrafttreten des *CIC/1917* Geltung hatten und in klarem Widerspruch zu den Kanones stehen[226], und den eher rein liturgischen Gebräuchen, die der *CIC* nicht ausdrücklich erwähnt, aber im Widerspruch zu Rubriken oder Entscheidungen der Ritenkongregation stehen. Jene eher disziplinarischen Gebräuche *contra legem* sind durch den *CIC/1917* in einhelliger Meinung der Autoren abgeschafft. Für die rein liturgischen Gebräuche aber gelten die Normen, die der *CIC/1917* bezüglich des Gewohnheitsrechtes aufstellt.[227] Es sind vier Bedingungen erforderlich, damit eine Gewohnheit gegen das Gesetz, sei sie rein liturgischer Art, legitim ist. Sie muss von einer Gemeinschaft geübt worden sein, sie muss vernünftig sein, schon eine bestimmte Zeit bestehen und eine Zustimmung des Gesetzgebers erfahren haben.

I.6.3.1 Gemeinschaft

Die Art der Gemeinschaft ist bei der Kirche im Ganzen oder einer Teilkirche, wie z. B. einer Diözese, die eine gesetzeswidrige liturgische Gewohnheit übt, einfach zu definieren. So wird die Benutzung der Sanctuskerze, die von den *Rubricae generales Missalis*, XX.[228] vorgeschrieben ist, in der Stillen Messe in der ganzen Kirche nicht geübt, sodass die Ritenkongregation dies als legitime Gewohnheit anerkennt[229] und auch später so in die Rubrikenreform unter Papst Johannes XXIII. aufgenommen wird.[230]

Ob aber eine Pfarrei eine solche Gemeinschaft darstellt, ist schwerer einzugrenzen, da es sich in liturgischen Gewohnheiten einer Pfarrei meist um die Eigenheit eines einzelnen Priesters handelt. Diese Einzelperson reicht

---

226 Vgl. can. 5, *CIC/1917*.

227 Vgl. NOIROT, *Liturgique (droit)*, 564.

228 Gemeint sind die Rubriken vor ihrer Reform 1960 z. B. in: *Missale Romanum*, 1935.

229 Vgl. HEILIGE RITENKONGREGATION, Dekret: *Resolutionis dubiorum* (1899), Ad II.

230 Vgl. *Rubricae Breviarii et Missalis Romani* (1960), Nr. 530: „Usus accendendi cereum, prope altare, a Consecratione ad Communionem, ubi viget, servetur."

nicht aus, um eine Gemeinschaft darzustellen, die der Definition des Gewohnheitsrechtes gerecht wird. Die Römische Rota spricht aber durchaus auch in anderen Zusammenhängen von pfarrlichen Gewohnheiten.[231] Es ergeben sich aber Fälle, die eine pfarrliche liturgische Gewohnheit vorstellbar machen. So könnten z. B. Pfarrprozessionen oder Beerdigungsfeiern, die von der ganzen Pfarrei getragen und mit vollzogen werden, eine den Rubriken entgegengesetzte Form haben, weil sie nicht approbierte Riten, Gebete und Gesänge enthalten. Die Abschaffung einer solch gearteten Gewohnheit würde einen Skandal hervorrufen, da die Pfarreimitglieder ihr anhangen und die Abschaffung nicht verstehen könnten. So kann eine bloße Pfarrei tatsächlich zu einer Gemeinschaft werden, die Gewohnheitsrecht konstituiert. In dem Fall, in dem der Priester als Einzelperson eine rechtswidrige Gewohnheit zu pflegen versucht, ist der Ortsbischof aufgerufen dies zu korrigieren.[232]

Es ist im Falle einer Gemeinschaft, die fähig ist, liturgisches Gewohnheitsrecht zu schaffen, also z. B. Diözese, Kathedralkapitel, Pfarrei, ebenfalls Aufgabe des Diözesanbischofs, die weiteren Bedingungen zu prüfen, die zur legitimen Anwendung der *consuetudo* nötig sind.

I.6.3.2 Vernünftigkeit

Allen voran steht die Vernünftigkeit einer solchen liturgischen Gewohnheit. Sie ist die wichtigste Voraussetzung, um Gewohnheitsrecht zu schaffen und so kann eine Gewohnheit nie unvernünftig sein.

Der Ortsbischof, der über die Vernünftigkeit einer liturgischen Gewohnheit einer Gemeinschaft zu befinden hat, prüft zunächst, ob sie dem göttlichen Recht, sei es das Naturrecht, sei es das positive göttliche Recht, oder fundamentalen Prinzipien des Kirchenrechts widerspricht.[233] Eine Gewohnheit kann nicht vernünftig sein, die von einem Gesetz ausdrücklich zurückgewiesen wird.[234]

---

231 SEBASTIANELLI, *Mediolanen. Decisio XXVI.* (1914), CATTANI AMADORI, *Nuverina Paganorum. Decisio XXVII.* (1914) und ROSETTI, *Bergomen.* (1919).

232 Vgl. can. 1261, *CIC/1917.*

233 Vgl. can. 27, § 1, *CIC/1917.*

234 Vgl. ebd., § 2.

Es bedarf bei einer als unvernünftig erkannten Gewohnheit einer ausdrücklichen Missbilligung des Ortsbischofs. Bis diese nicht erfolgt ist, ist die Gewohnheit zwar unvernünftig aber nicht verboten.[235] Die Einstufung einer Gewohnheit als unvernünftig ist jedoch nicht unumkehrbar und für alle Zeiten. Es kann durchaus sein, dass eine *consuetudo* in einer Zeit unvernünftig, in einer andern Zeit aber vernünftig ist.

Der *CIC/1917* selbst enthält nicht viele ausdrückliche Missbilligungen von Gewohnheiten, sodass diese von Rechts wegen als unvernünftig gelten. So missbilligt can. 818, *CIC/1917* die gewohnheitsmäßige Nichteinhaltung der Rubriken in den Ritualbüchern und eigenmächtige Hinzufügungen von Zeremonien und Gebeten durch Priester und can. 409, § 2, *CIC/1917* verwirft das gewohnheitsmäßige Tragen der Chorkleidung von Domkapitularen außerhalb der Diözese bis auf wenige Ausnahmen.[236]

Der Ortsbischof stellt aber nicht nur die Unvernünftigkeit einer liturgischen Gewohnheit fest, sondern kann sie auch für in sich vernünftig erklären, sofern sie dem Gemeingut der sie übenden Gemeinschaft dient. Ist dies der Fall, sollte er sich unter aller Vorsicht hinsichtlich des Schutzes der Einheit die Frage stellen, ob diese Gewohnheit für diese Gemeinschaft vom liturgischen Gesetzgeber nicht zur Regel erklärt werden könnte.[237]

Es gibt aber auch gesetzeswidrige liturgische Gewohnheiten, die aus der Natur der Sache vernünftig sind, da sie unanwendbar sind, wenn ihnen ihr Objekt fehlt. So schreibt das *Pontificale romanum* vor, die Priesterweihe, wenn sie am Samstag vor dem Passionssonntag stattfindet, nach dem letzten Vers des Traktes zu spenden.[238] Die Messe an diesem Tag sieht aber keinen Trakt vor.[239] So ist die Zuwiderhandlung zu dieser Rubrik in jedem Fall vernünftig.

---

235 Vgl. NOIROT, *Liturgique (droit)*, 568.

236 Vgl. can. 409, § 2, *CIC/1917*: „Vestem choralem aut specialia insignia capitularia adhibere possunt in tota dioecesi in qua est Capitulum, sed, reprobata contraria consuetudine, non extra dioecesim, nisi vel Episcopum comitentur vel Episcopum aut Capitulum repraesentent in Conciliis aliisve sollemnitatibus."

237 Vgl. NOIROT, *Liturgique (droit)*, 568.

238 Vgl. SODI, *Pontificale Romanum*, 13.

239 Vgl. *Missale Romanum*, 2013, 132 f.

Aber nicht nur unanwendbare sondern auch sich selbst widersprechende Rubriken können einer gesetzeswidrigen *consuetudo* Vernünftigkeit verleihen. Es kommt in diesem Fall nur darauf an, welcher der beiden Rubriken zuwider gehandelt wird; beide Gebräuche sind in diesem Fall der einen Rubrik gegenüber gesetzeskonform, der anderen gegenüber gesetzeswidrig. So schreibt das *Missale romanum* dem Priester, der am Aschermittwoch gezwungen ist, sich die Asche selbst auf den Kopf zu streuen, weil kein anderer Priester zugegen ist, vor, dies vor dem Altar kniend (*genibus flexis*) zu tun.[240] Im Jahre 1931 entscheidet die Ritenkongregation aber zugunsten der stehenden Gewohnheit[241], was auch seitdem in das *Missale* übernommen wurde: „Si vero non adsit alius sacerdos, ipsemet celebrans, ad altare conversus, sibi ipsi cineres imponit in capite, nihil dicens, [...]“[242].[243]

Außerdem gibt es den Fall, dass eine Rubrik einem Dekret der Ritenkongregation widerspricht. So steht es laut *Missale romanum* neben dem Bischof auch dem Abt zu, die Stola vor der Brust nicht zu kreuzen.[244] Die Ritenkongregation entscheidet aber 1897, dass dies ausschließlich dem Bischof vorbehalten sei.[245] Diese Entscheidung ruft Proteste von Seiten der Äbte hervor, sodass die Ritenkongregation darauf verweist, die ursprüngliche Regelung vor Mitte des 18. Jahrhunderts wieder hergestellt zu haben. Da es sich dabei aber um eine Gewohnheit handelt, die länger als 200 Jahre besteht und auch Eingang in das *Missale romanum* selbst findet, kann man davon ausgehen, dass das Zuwiderhandeln gegen die Bestimmung der Ritenkongregation, also das Tragen der Stola *modo episcopalis* der

---

240 Vgl. *Missale Romanum*, 1935, 55.

241 Vgl. HEILIGE RITENKONGREGATION, *Variationes faciendae in rubricis Kalendarii, Breviarii ac Missalis Romani* (1931), Nr. 3.

242 Vgl. *Missale Romanum*, 2013, 63.

243 Die Unstimmigkeiten der sowohl im Text als auch in den Fussnoten angegebenen Jahreszahlen ergibt sich daraus, dass die Korrektur im *Missale Romanum*, 1935 noch nicht aufgenommen wurde.

244 Vgl. *Ritus servandus in celebratione Missae*, I, 4, in: *Missale Romanum*, 1935, XXVIII.

245 Vgl. HEILIGE RITENKONGREGATION, Dekret: *Addenda et varianda in rubricis generalibus Missalis* (1897).

Äbte, zumindest nicht unvernünftig ist, zumal es wenig später wieder in das *Missale romanum* Eingang gefunden hat.[246]

Hinzu kommen die Fälle, in denen sich Dekrete der Ritenkongregation selbst widersprechen. Die Ritenkongregation verbietet diverse Male die Benutzung von elektrischem Licht auf dem Altar.[247] Im Jahre 1942 gestattet sie im Falle der Unmöglichkeit der Einhaltung der vorgeschriebenen Anzahl von Kerzen, diese auch durch andere Lichtmittel, z. B. elektrischen Lampen, zu ersetzten.[248] Durch diese sich widersprechenden Dekrete entscheidet die Ritenkongregation, dass die Benutzung von elektrischem Licht auf dem Altar keine unvernünftige Gewohnheit ist. So wird die *consuetudo facti* des elektrischen Lichtes zwar 1864 verurteilt, aber durch das Dekret von 1942 zur *consuetudo iuris* erhoben und dadurch ist im Nachhinein die vorhergehende rechtswidrige Gewohnheit saniert.

Ferner können rechtswidrige Gewohnheiten sogar vernünftiger als das Gesetz selbst sein, dem sie zuwiderlaufen. So entscheidet die Ritenkongregation als Antwort auf ein *dubium* im Jahre 1947 in Analogie zu der Praxis, die das *Caeremoniale episcoporum* für die Gründonnerstagsliturgie des Bischofs vorsieht, dass der Bischof, der *pontificaliter* die Non feiert, auf die unmittelbar die Zelebration einer Votivmesse folgt, deren liturgische Farbe aus der Natur der Sache heraus eine andere sein kann als die der Non, da sie die Tagesfarbe erfordert, mit der gesamten Altarassistenz zwischen den beiden Funktionen öffentlich schnell umzuziehen sei, um beide Feiern in der korrekten Farbe zu vollziehen.[249] Diese Anordnung der Ritenkongregation ist offensichtlich weniger vernünftig als die dann gesetzeswidrige Gewohnheit, die beiden Funktionen in derselben liturgischen Farbe zu vollziehen. Das Befolgen der Anordnung wäre unpraktisch[250] und so ist die Praxis, die dem Dekret der Ritenkongregation zuwiderläuft, eher der Vernünftigkeit zuzuordnen als ihre Befolgung.

---

246 Vgl. NOIROT, *Liturgique (droit)*, 570.

247 Vgl. HEILIGE RITENKONGREGATION, Dekret: *Plurium diocesium* (1864) und DIES., Dekret: *De lampade coram Sanctissimo Sacramento* (1916).

248 Vgl. HEILIGE RITENKONGREGATION, Dekret: *De lampade Sanctissimi Sacramenti et de luminibus in sacris functionibus adhibendis* (1942).

249 Vgl. HEILIGE RITENKONGREGATION, Dekret: *Baionen.* (1947), ad VII.

250 Vgl. NOIROT, *Liturgique (droit)*, 573.

Auf verschiedene Weise also ist es möglich, dass eine liturgische gesetzeswidrige Gewohnheit, die von einer beständigen Gemeinschaft gepflegt wird, vernünftig ist.

Es ist die Aufgabe des Diözesanbischofs, ein Urteil über diese Vernünftigkeit zu fällen.[251] Da aber die Ritenkongregation die einzige Autorität mit Kompetenz in der Ordnung der Liturgie darstellt, muss der Ortsbischof Rücksprache mit dieser Kongregation halten, die in den zweifelhaften Fällen das definitive Urteil über die Vernünftigkeit fällt.[252]

Kommt ein Diözesanbischof aber unzweifelhaft zum Schluss, dass eine Gewohnheit unvernünftig ist, hat er seine Missbilligung öffentlich kundzutun. Damit wird der Gewohnheit ihre Existenzberechtigung abgesprochen und ihre weitere Übung stellt einen Missbrauch dar.

Ist sich der Ortsoberhirte jedoch sicher, dass eine liturgische Gewohnheit vernünftig und dazu noch lobenswert ist, d. h. der Gesetzgeber würde sie bei Kenntnis nicht verwerfen, ist der Rekurs an die Ritenkongregation nicht erforderlich, sondern ihre Anerkennung liegt bei ihm.[253]

Da er aber nicht der kompetente liturgische Gesetzgeber ist, steht es ihm nicht zu, seine Zustimmung durch ein eigenes Dekret zu erteilen, sondern sie erfolgt durch Stillschweigen.

Er hat jedoch als Aufseher über die Einhaltung der liturgischen Vorschriften[254] darauf zu achten, dass die Einheit der Riten, deren Bewahrung zu den Aufgaben des Apostolischen Stuhles gehört, gewährleistet wird und nicht jede liturgische gesetzeswidrige Gewohnheit seine Zustimmung erfährt. Zu

---

251 Vgl. can. 25, *CIC/1917*.

252 Vgl. can. 1259, § 1, *CIC/1917*: „Orationes et pietatis exercitia ne permittantur in ecclesiis vel oratoriis sine revisione et expressa Ordinarii loci licentia, qui in casibus difficilioribus rem totam Sedi Apostolicae subiiciat." und HEILIGE RITENKONGREGATION, Dekret: *Verbonen.* (1836), Ad 1. und DIES., Dekret: *Angelopolitana.* (1847), Ad 13.

253 Vgl. NOIROT, *Liturgique (droit)*, 574.

254 Vgl. can. 336, § 2, *CIC/1917*: „Advigilent ne abusus in ecelesiasticam disciplinam irrepant, praesertim circa administrationem Sacramentorum et Sacramentalium, cultum Dei et Sanctorum, praedicationem verbi Dei, sacras indulgentias, implementum piarum voluntatum; curentque ut puritas fidei ac morum in clero et populo conservetur, ut fidelibus, praecipue pueris ac rudibus, pabulum doctrinae christianae praebeatur, ut in scholis puerorum ac iuvenum institutio secundum catholicae religionis principia tradatur."

bedenken hat er aber auch die Folgen seiner Entscheidung in Bezug auf eine eventuelle Skandalisierung der Gläubigen.[255]

I.6.3.3 Abschaffung von Gewohnheitsrecht durch das Inkrafttreten des CIC/1917 und Fristenlauf

Die vernünftige liturgische *consuetudo contra legem* muss für mindestens 100 Jahre ununterbrochen von einer Gemeinschaft geübt worden sein, damit sie von der *consuetudo facti* zur *consuetudo iuris* übergehen kann, d. h. damit sie Rechtskraft erhält. Auch hier ist es Sache des Diözesanbischofs mit Hilfe von glaubwürdigen Zeugen oder offiziellen Dokumenten die Dauer der Gewohnheit festzustellen. Ebenso ist der Rekurs an die Ritenkongregation wieder vonnöten.

Mit dem Inkrafttreten des *CIC/1917* sind generell alle Gewohnheiten, die der *CIC* ausdrücklich verwirft, auch wenn sie unvordenklich sind oder eine ausdrückliche Erlaubnis der Ritenkongregation haben, abgeschafft. Auch hier obliegt es dem Ortsbischof, diese auszumachen und offiziell zu missbilligen und zu verbieten. Sollte dies allerdings zu einem Skandal führen, kann er die Gewohnheit durch Stillschweigen weiterhin tolerieren. Denkbar wäre dieser Fall, wenn die Gläubigen skandalisiert wären durch das Weglassen der Salbung der Lenden bei der Spendung des Sakramentes der Letzten Ölung wie es can. 947, § 2, *CIC/1917* ausdrücklich untersagt. Vor dem Inkrafttreten des *CIC/1917* bestand lediglich die Möglichkeit, die Lendensalbung zu unterlassen. In Gegenden, in denen dies aber immer schon geübt wird, kann es durchaus zu Befremden und Skandalisierung führen, wenn dies ab 1918 nicht mehr geübt wird. Der Diözesanbischof muss auch hier klug die Lage beurteilen und könnte, wenn er sich sicher über den zu erwartenden Skandal ist, durch Stillschweigen diese nun gesetzeswidrig gewordene Gewohnheit in Gebrauch lassen. Die Erteilung eines ausdrücklichen Toleranzdekrets ist auch in diesem Fall aus den oben genannten Gründen nicht möglich.

Allgemeine Dekrete, die von der Ritenkongregation erlassen werden und die Übung von gesetzeswidrigen Gewohnheiten verbieten, gelten für vierzigjährige Gewohnheiten. Unvordenkliche rechtsgültige Gewohnheiten können nur ausdrücklich für rechtsungültig erklärt werden.

---

255 Vgl. HEILIGE RITENKONGREGATION, Dekret: *Parmen.* (1857), Ad V.

I.6.3.4 Zustimmung der Autorität

Die Ritenkongregation prüft vor ihrer Zustimmung die Gewohnheit, wie oben beschrieben, vor Allem auf die Vernünftigkeit und die Verjährung.

In der Literatur sind aber auch Stimmen zu finden, die generell die Möglichkeit ablehnen, in der Liturgie etwas zu verändern, also auch gesetzeswidrige Gewohnheiten zuzulassen.[256] Sie stützen sich unter anderem auf Bestimmungen päpstlicher Schreiben, die das Verändern, Hinzufügen oder Auslassen von Riten und Zeremonien untersagen. So verwirft Papst Pius V. dies durch die Promulgation des *Missale romanum* ausdrücklich: „nihil umquam addendum, detrahendum, aut immutandum esse"[257]. Und er widerruft andersartige Gewohnheiten und Erlaubnisse durch das Promulgationsdekret des *Breviarum romanum*.[258] Auch das römische Provinzialkonzil von 1725 verurteilt alle auch unvordenklichen Gewohnheiten gegen jegliche Rubriken des Missale, Breviers, Rituale, Pontifikale oder Zeremoniale und fordert sie abzuschaffen.[259] Allerdings handelt es sich bei diesem Konzil nicht um ein universelles, sondern ein Partikularkonzil, dessen Beschlüsse keine Rechtskraft für die Gesamtkirche haben.

Außerdem gilt der allgemeine Grundsatz, dass alle Gesetze, die nicht dem göttlichen Rechtsbereich zuzuordnen sind, veränderbar sind. Rubrikarische Normen sind rein kirchliche Gesetze, die von der zuständigen Autorität, d.h. dem Apostolischen Stuhl,[260] durchaus veränderbar sind, um sie den jeweiligen Zeiten und Umständen in gerechter und legitimer Weise anzupassen.[261] Die Passage Papst Pius' V. (*nihil umquam addendum,*

---

256 Vgl. BOUVRY, *Expositio rubricarum*, 43–71 und DE HERDT, *Sacrae liturgiae praxis*, Bd. I, Nr. 10 f.

257 PIUS V., Bulle: *Quo primum*, (1570).

258 Vgl. DERS., Bulle: *Quod a nobis* (1568).

259 Vgl. CONCILIUM ROMANO-LATERANENSE, XV.

260 Vgl. can. 1257, *CIC/1917*.

261 Vgl. can. 8–24, *CIC/1917*: „Can. 8. – §1. Leges instituuntur, cum promulgantur.
§2. Lex non praesumitur personalis, sed territorialis, nisi aliud constet.
Can. 9. – Leges ab Apostolica Sede latae promulgantur per editionem in Actorum Apostolicae Sedis commentario officiali, nisi in casibus particularibus alius promulgandi modus fuerit praescriptus; et vim suam exserunt tantum expletis tribus mensibus a die qui Actorum numero appositus est, nisi ex

detrahendum, aut immutandum esse) bindet den Apostolischen Stuhl nicht für alle Zeiten, die liturgischen Bücher unberührt zu lassen. Dies ist dem

---

natura rei illico ligent aut in ipsa lege brevior vel longior vacatio specialiter et expresse fuerit statuta.
Can. 10. – Leges respiciunt futura, non praeterita, nisi nominatim in eis de praeteritis caveatur.
Can. 11. – Irritantes aut inhabilitantes eae tantum leges habendae sunt, quibus aut actum esse nullum aut inhabilem esse personam expresse vel aequivalenter statuitur.
Can. 12. – Legibus mere ecclesiasticis non tenentur qui baptismum non receperunt, nec baptizati qui sufficienti rationis usu non gaudent, nec qui, licet rationis usum assecuti, septimum aetatis annum nondum expleverunt, nisi aliud iure expresse caveatur.
Can. 13. – §1. Legibus generalibus tenentur ubique terrarum omnes pro quibus latae sunt.
§2. Legibus conditis pro peculiari territorio ii subiiciuntur pro quibus latae sunt quique ibidem domicilium vel quasi-domicilium habent et simul actu commorantur, firmo praescripto can. 14.
Can. 14. – §1. Peregrini:
1° Non adstringuntur legibus particularibus sui territorii quandiu ab eo absunt, nisi aut earum transgressio in proprio territorio noceat, aut leges sint personales;
2° Neque legibus territorii in quo versantur, iis exceptis quae ordini publico consulunt, vel actuum sollemnia determinant;
3° At legibus generalibus tennentur etiamsi hae suo in territorio non vigeant, minime vero si in loco in quo versantur non obligent.
§2. Vagi obligantur legibus tam generalibus quam particularibus quae vigent in loco in quo versantur.
Can. 15. – Leges, etiam irritantes et inhabilitantes, in dubio iuris non urgent; in dubio autem facti potest Ordinarius in eis dispensare, dummodo agatur de legibus in quibus Romanus Pontifex dispensare solet.
Can. 16. – §1. Nulla ignorantia legum irritantium aut inhabilitantium ab eisdem excusat, nisi aliud expresse dicatur.
§2. Ignorantia vel error circa legem aut poenam aut circa factum proprium aut circa factum alienum notorium generatim non praesumitur; circa factum alienum non notorium praesumitur, donec contrarium probetur.
Can. 17. – §1. Leges authentice interpretatur legislator eiusve successor et is cui potestas interpretandi fuerit ab eisdem commissa.
§2. Interpretatio authentica, per modum legis exhibita, eandem vim habet ac lex ipsa; et si verba legis in se certa declaret tantum, promulgatione non eget et valet retrorsum; si legem coarctet vel extendat aut dubiam explicet, non retrotrahitur et debet promulgari.

Papst grundsätzlich nicht möglich, aufgrund der Veränderbarkeit von kirchlichen Gesetzen. Sie untersagen aber der nicht dafür zuständigen kirchlichen Autorität bzw. auch dem Zelebranten nach eigenem Gutdünken die liturgischen Normen zu manipulieren. Das Prinzip der liturgischen Einheit, welches der Apostolische Stuhl zu bewahren und durchzusetzen hat, wird durch gesetzeswidrige liturgische Gewohnheiten nicht geschwächt oder gar abgeschafft, da es sich durch kluge Prüfung um vernünftige und dadurch die Liturgie vielleicht sogar verbessernde Details handelt. Außerdem bezieht sich das Verbot Papst Pius' V. nicht auf die Riten selbst, sondern auf die liturgischen Bücher. Der Widerruf aller Gewohnheiten aus der Promulgation des *Breviarum romanum* enthält zudem keine Klauseln, die zukünftige Gewohnheiten reprobieren. Er bezieht sich lediglich auf die Gewohnheiten, die zum Zeitpunkt der Promulgation 1568 bestanden.

---

§3. Data autem per modum sententiae iudicialis aut rescripti in re peculiari, vim legis non habet et ligat tantum personas atque afficit res pro quibus data est.
Can. 18. – Leges ecclesiasticae intelligendae sunt secundum propriam verborum significationem in textu et contextu consideratam; quae si dubia et obscura manserit, ad locos Codicis parallelos, si qui sint, ad legis finem ac circumstantias et ad mentem legislatoris est recurrendum.
Can. 19. – Leges quae poenam statuunt, aut liberum iurium exercitium coarctant, aut exceptionem a lege continent, strictae subsunt interpretationi.
Can. 20. – Si certa de re desit expressum praescriptum legis sive generalis sive particularis, norma sumenda est, nisi agatur de poenis applicandis, a legibus latis in similibus; a generalibus iuris principiis cum aequitate canonica servatis; a stylo et praxi Curiae Romanae; a communi constantique sententia doctorum.
Can. 21. – Leges latae ad praecavendum periculum generale, urgent, etiamsi in casu peculiari periculum non adsit.
Can. 22. – Lex posterior, a competenti auctoritate lata, obrogat priori, si id expresse edicat, aut sit illi directe contraria, aut totam de integro ordinet legis prioris materiam; sed firmo praeseripto can. 6, n. 1, lex generalis nullatenus derogat locorum specialium et personarum singularium statutis, nisi aliud in ipsa expresse caveatur.
Can. 23. – In dubio revocatio legis praeexsistentis non praesumitur, sed leges posteriores ad priores trahendae sunt et his, quantum fieri possit conciliandae.
Can. 24. – Praecepta, singulis data, eos quibus dantur, ubique urgent, sed iudicialiter urgeri nequeunt et cessant resoluto iure praecipientis nisi per legitimum documentum aut coram duobus testibus imposita fuerint."

Papst Innozenz XIII. fordert die Bischöfe im Jahre 1723 auf, die Missbräuche abzustellen, die gegen die Vorschriften in den liturgischen Büchern verstoßen.[262] In diesem Dokument geht es aber um tatsächliche Missbräuche, die unvernünftige Gewohnheiten darstellen. Die Bischöfe haben darauf zu achten und zu prüfen, ob es sich um solche oder um lobenswerte und vernünftige Gewohnheiten handelt, die ihre Berechtigung haben. Nicht alle Gewohnheiten sind *per definitionem* Missbräuche. So findet sich in diesem Dokument, das angeführt wird, um die völlige Unmöglichkeit der Anerkennung von gesetzeswidrigen liturgischen Gewohnheiten zu beweisen, ganz im Gegenteil die Möglichkeit ihrer Anerkennung wieder.

Es werden aber auch Dokumente der Ritenkongregation selbst angeführt, um die Anerkennung von *consuetudines contra legem* zu bestreiten.[263]

Es handelt sich aber auch hier nicht um generelle Dekrete, sondern es wird immer nur der Einzelfall behandelt. Die Tatsache, dass ebendiese Kongregation gesetzeswidrige liturgische Gewohnheiten nicht nur ablehnt, sondern auch erlaubt und ihre Vernünftigkeit bestätigt[264], zeigt logischerweise, dass die Argumentation gegen die Möglichkeit der Zulassung von *consuetudines contra legem liturgicam* nicht haltbar ist. Sie beruft sich dabei meist auch auf das Alter der Gewohnheiten.

Es ist jedoch nicht nur so, dass die Ritenkongregation ausschließlich Gewohnheiten für den Einzelfall bestätigt, sondern auch für die ganze Kirche, die sich gegen Rubriken aus den liturgischen Büchern selbst oder auch gegen eigene Dekrete richten können.[265]

Aufgabe des Diözesanbischofs also ist es zunächst, die gesetzeswidrigen liturgischen Gewohnheiten auf ihre Vernünftigkeit und Verjährung zu prüfen, sowie zu entscheiden, ob es sich um eine legitime Gemeinschaft handelt, die diese Gewohnheit übt. Bei positivem Befund wendet er sich an die Ritenkongregation, um der Gewohnheit die Zulassung des Gesetzgebers zukommen zu lassen. Diese kann entweder zustimmen, ablehnen oder es

---

262 Vgl. INNOZENZ XIII., Breve: *Apostolici muneris* (13. Mai 1723).

263 So z. B. HEILIGE RITENKONGREGATION, Dekret: *Oscen.* (1591), 10. und DIES., Dekret: *Romana* (1689).

264 Vgl. HEILIGE RITENKONGREGATION, Dekret: *Urgellen.* (1871) und DIES., Dekret: *Massen.* (1847).

265 Vgl. NOIROT, *Liturgique (droit)*, 585.

der Gewissensentscheidung des Ortsbischofs überlassen, der die genauere Wirkung einer eventuellen Ablehnung abwägen muss, damit in der Gemeinschaft kein Skandal entsteht.

Bei einer tatsächlichen Ablehnung durch die Ritenkongregation, ist es nun Sache des Ortsbischofs, die illegitime gesetzeswidrige Gewohnheit zu korrigieren. Sollte das Dekret der Ritenkongregation die Gewohnheit als Missbrauch qualifiziert haben, ist der Bischof verpflichtet unmittelbar einzuschreiten.[266] Drückt sich die Kongregation aber nicht in dieser Härte aus, ist es am Bischof, mit Klugheit und Diskretion die Korrektur voranzutreiben, sodass eine Skandalisierung des Gottesvolkes vermieden wird.[267]

Ist der Diözesanbischof nicht mit einer negativen Antwort der Ritenkongregation einverstanden, hat er die Möglichkeit, sich erneut an dieselbe zu wenden und seine Bedenken bezüglich eines zu erwartenden Skandals zu äußern. Nach erneuter Prüfung kann die Kongregation unter Umständen zu einer Neubewertung kommen.[268]

Es kann durchaus vorkommen, dass die Ritenkongregation die Anfrage eines Diözesanbischofs negativ beantwortet, wohingegen sie eine vergleichbare Anfrage eines anderen Bischof positiv beantwortet.[269] Dies ist den jeweiligen Umständen geschuldet, die ein unterschiedliches Handeln rechtfertigen. Im Regelfall ist die Zustimmung seitens der Ritenkongregation auf Anfrage auf die jeweiligen Diözesen beschränkt und nicht als Generaldekret deklariert.

Gemäß can. 5, *CIC/1917* hat der Diözesanbischof die Möglichkeit, gesetzeswidrige Gewohnheiten, die der *CIC* nicht ausdrücklich verwirft und hundertjährig oder unvordenklich sind, zu dulden, sofern er sich außer Stande sieht, diese zu beseitigen. Die Duldung ist auch hier zugunsten der Vermeidung eines Skandals möglich und muss mit Klugheit abgewogen werden. Hier nennt der *CIC* den Diözesanbischof als kompetente Autorität, da er am besten die Umstände der Orte und Personen einschätzen kann.

---

266 Vgl. can 336, § 2, *CIC/1917*.

267 Vgl. HEILIGE RITENKONGREGATION, Dekret: *Parmen.* (1857), Ad V. und DIES., Dekret: *Cervien.* (1794),.

268 So geschehen z. B. hier: HEILIGE RITENKONGREGATION, Dekret: *Urgellen.* (1883), Ad I. und DIES., Dekret: *Goana* (1893), Ad II., IV., V. und VI.

269 Z. B. HEILIGE RITENKONGREGATION, Dekret: *Salisburgen.* (1873) und DIES., Dekret: *Ratisbonen.* (1873).

Diese Kompetenz des Ortsbischofs kann auch auf negative Beurteilungen der Ritenkongregation angewendet werden, sofern die Gewohnheit alt und nicht unvernünftig ist. Hierbei muss sich aber auch herausstellen, dass die Kongregation nicht hinreichend über die Umstände und den zu erwartenden Skandal informiert ist.[270]

Das Zustandekommen eines Legalkonsenses im liturgischen Gewohnheitsrecht, auch wenn der Gesetzgeber nicht durch spezielle Duldungsakte eingreift, folgt den selben Regeln wie im allgemeinen Gewohnheitsrecht. Gegeben sei auch hier die bischöfliche Kenntnis einer stabilen Gemeinschaft, die eine vernünftige und verjährte liturgische Gewohnheit *contra legem* übt.

Gemäß can. 1259, § 1, *CIC/1917* ist der Bischof verpflichtet, in komplizierten Fällen bezüglich der Zulassung von Gebeten und frommen Übungen den Apostolischen Stuhl zu konsultieren. Es kommt hier der Wunsch des Gesetzgebers zum Ausdruck, schwierige Fälle selbst zu entscheiden. Wenn der Diözesanbischof aber Fälle von gesetzeswidrigen liturgischen Gewohnheiten vorliegen hat, die unzweifelhaft vernünftig, deren Verjährungsfrist abgelaufen und auch von all seinen Vorgängern geduldet worden sind, kann er auf den Rekurs an die Ritenkongregation verzichten, um sie nicht unnötig zu behelligen und ihre Konzentration auf wichtigere Fälle zu beeinträchtigen oder um ihr die komplizierte Einschätzung der sehr speziellen Gegebenheiten und Umstände zu ersparen, wozu sie seines Urteils nach weniger gut in der Lage wäre als er selbst. In diesen Fällen kann er seine eigene bischöfliche Kompetenz gemäß des allgemeinen Gewohnheitsrecht geltend machen und die unzweifelhaft legitime *consuetudo contra legem liturgicam* anerkennen.[271]

So geht auch durch bischöfliche Gewalt eine *consuetudo facti* in eine *consuetudo iuris* über.

Demnach hat auch der Diözesanbischof, der aufgrund can. 1257, *CIC/1917* keinerlei Ordnungskompetenzen in liturgischen Belangen hat, mittels des Gewohnheitsrechtes durchaus gewisse Rechte im liturgischen Rechtsbereich.

Jedoch sei festgehalten, dass dies nur für Details der Zeremonien und Riten gilt. Gewohnheiten, die grundlegende Rubriken oder Elemente der

270 Vgl. NOIROT, *Liturgique (droit)*, 588.
271 Vgl. NOIROT, *Liturgique (droit)*, 589.

Liturgie berühren, sind immer durch die Ritenkongregation zu entscheiden und fallen selbst über den Umweg des Gewohnheitsrechtes nicht dem Ortsbischof zu.[272]

Gesetzeswidrige liturgische Gewohnheiten allerdings, die sich neu bilden, sind vom Bischof generell zu bekämpfen, da sie die Bedingung des Fristablaufs nicht einhalten können. Hier ist der Ortsoberhirte zu strenger Aufsicht aufgerufen.[273]

Pius XII. ruft die Bischöfe in seiner Enzyklika *Mediator Dei* zu peniblen Einhaltung ihrer Pflichten auf: „Wir ermahnen euch ferner dringend, ehrwürdige Brüder, nach Ausmerzung der Irrtümer und Fälschungen sowie nach Zurückweisung alles dessen, was von der Wahrheit und der rechten Ordnung abweicht, jene Bestrebungen zu fördern, die dem Volk eine tiefere Erfassung der heiligen Liturgie ermöglichen, damit es besser und leichter an den göttlichen Handlungen teilzunehmen vermag in jener Gesinnung, die sich für Christen ziemt. Vor allem muß darauf geachtet werden, daß alle mit gebührender Ehrfurcht und geziemendem Glaubensgeist den Anordnungen nachkommen, die das Trienter Konzil, die Römischen Päpste, die Ritenkongregation erlassen und die liturgischen Bücher über den äußeren Vollzug des öffentlichen Kultes festgelegt haben."[274]

I.7 Die Rolle der Diözesanbischöfe

Durch can. 1257, *CIC/1917* wird auf der Rechtsebene der Ortsbischöfe ein tiefer Schnitt zugunsten der päpstlichen Reservierung gemacht. Angefangen mit dem Konzil von Trient lässt sich eine Verschärfung der päpstlichen Reservation erkennen, die im *CIC/1917* ihren Höhepunkt findet. Die Ortsbischöfe werden auf dem Gebiet der Liturgie nur noch zu Vollstreckern der Anordnungen des Apostolischen Stuhles, obschon sie doch die rechtmäßigen Vorsteher der Liturgie innerhalb ihres gesamten Territoriums bleiben.[275] Um dies zu gewährleisten, sind sie aber berechtigt, eigene Gesetze für ihr

272 Vgl. ebd.

273 Vgl. can. 1261, § 1, *CIC/1917*.

274 ROHRBASSER, *Heilslehre der Kirche*, 202.

275 Vgl. can. 336, § 2 und 1261, § 1, *CIC/1917* und KONGREGATION DES HEILIGEN OFFIZIUMS, Dekret: *De novis cultus seu devotionis formis non introducendis deque inolitis in re abusisbus tollendis* (1937).

Territorium zu erlassen, an die sich auch die Religiosen zu halten haben. Um dies auch zu überprüfen, können sie zusätzlich deren Kirchen und Kapellen visitieren.[276] Selbst die Entscheidung über Zweifel bzw. Fragen betreffend liturgischer Gesetze wird nicht den Ortsbischöfen überlassen, sondern der Ritenkongregation zugemutet, was ihr einen erheblichen Arbeitsaufwand beschert.[277]

Eine der wenigen wirklich liturgischen Kompetenzen, die den Ortsoberhirten geblieben ist, abgesehen vom Bereich des Gewohnheitsrechts, ist das Vorschreiben der *orationes imperatae* (befohlene Oration) in der Messe.[278] Diese Kompetenz wird aber 1955 durch die Vereinfachung der Rubriken der Messe[279] obsolet, da darin die befohlenen Orationen abgeschafft werden.

276 Vgl. can. 1261, § 2, *CIC/1917*.

277 Vgl. can. 253, *CIC/1917*.

278 Vgl. HEILIGE RITENKONGREGATION, Dekret: *Ordinis Minorum observantium reformatorum S. Francisci* (1779), ad 6.

279 Vgl. DIES., Dekret: *De rubricis ad simpliciorem formam redigendis* (1955), Tit. V, Nr. 1. und 4.

II. Die liturgische Ordnungskompetenz im *CIC/1983*

Auch der *CIC/1983* verzichtet gemäß can. 2 weitestgehend darauf, Riten zu behandeln, und verweist ebenfalls auf die geltenden liturgischen Gesetze.[280] So behandelt auch er eher die liturgischen Normen im weiteren Sinne, d. h. disziplinäre Regelungen, wenn nicht der *CIC* selbst etwas anderes vorsieht.

Die Formulierung über die Zuständigkeit für die Ordnung der Liturgie[281] aus *Sacrosanctum Concilium*, Nr. 22 wird fast wörtlich in den *CIC/1983* übernommen.[282] In can 838, § 1, *CIC/1983* heißt es: „Die Regelung der

---

280 Vgl. can. 2, *CIC/1983*: „Codex plerumque non definit ritus, qui in actionibus liturgicis celebrandis sunt servandi; quare leges liturgicae hucusque vigentes vim suam retinent, nisi earum aliqua Codicis canonibus sit contraria."

281 Vgl. AYMANNS/MÖRSDORF, *KanR* I, 193–212 und MÜLLER, *Begriff, Träger und Ordnung der Liturgie*, 784–786.

282 Weitere Quellen zu can. 838, *CIC/1983*:
ZWEITES VATIKANISCHES KONZIL, Konstitution: *Sacrosanctum Concilium*, Nr. 36 und 39f.
DAS., Dekret: *Christus Dominus*, Nr. 15 und 35.
DAS., Dekret: *Orientalium Ecclesiarum*, Nr. 5.
DAS., Dekret: *Unitatis Redintegratio*, Nr. 15.
DAS., Dekret: *Ad Gentes*, Nr. 22.
DAS., Pastoralkonstitution: *Gaudium et Spes*, Nr. 58.
PIUS XII., Enzyklika: *Mediator Dei* (1947).
PAUL VI., Motu Proprio: *Sacram Liturgiam* (1964), Nr. 11.
KONGREGATION DES HEILIGEN OFFIZIUMS, Commonitio: *Realtum est* (1958).
DIES., Monitum: *Supremae huic* (1958).
HEILIGE RITENKONGREGATION, Instruktion: *Inter Oecumenici* (1964), Nr. 21f.
DIES., Instruktion: *Tres abhinc annos* (1967).
HEILIGE KONGREGATION FÜR DEN GÖTTLICHEN KULT, Instruktion: *Liturgicae instaurationes* (1970).
DIES., Antwort (11. Juni 1970).
HEILIGE KONGREGATION FÜR DIE SAKRAMENTE UND DEN GÖTTLICHEN KULT, Brief (5. Juni 1976).
HEILIGE KONGREGATION FÜR DIE GLAUBENSLEHRE, Dekret: *Ecclesiae Pastorum* (1975).

heiligen Liturgie steht allein der kirchlichen Autorität zu: sie liegt beim Apostolischen Stuhl und, nach Maßgabe des Rechts, beim Diözesanbischof."

Das Nomen *moderatio*, das hier im *CIC/1983* gewählt wurde, hat im Gegensatz zum Verb *ordinare* des can. 1257, *CIC/1917* eine weniger autoritative Färbung. Die Regelung der Liturgie im Sinne von *moderatio* beschränkt sich im Wortsinn eher auf die behutsame Lenkung des liturgischen Bereichs in den Grenzen der kirchlichen Ordnung, wobei *ordinare* eher eine oberhirtliche Verfügungsgewalt ausdrückt. Aufgrund der organischen Entwicklung der Liturgie und der Praxis der lateinischen Kirche scheint *moderatio* in Bezug auf die liturgische Gesetzgebung der passendere Begriff zu sein.

Durch das Adverb allein, *unice*, wird „die Ausschließlichkeit dieser Regelung betont."[283] Daher haben andere Amtsträger keine Kompetenz bei der Ordnung der Liturgie. Auch can. 1257, *CIC/1917* benutzt *unius,* um die Vorrangstellung des Apostolischen Stuhles zu betonen.

Es geht dabei um den amtlichen Gottesdienst, also vor allem um die Feier der Eucharistie und anderer Sakramente und das Stundengebet. Bei privaten Frömmigkeitsformen, wie z. B. Bilderverehrung, nimmt die Autorität nur eine Überwachungsfunktion ein.

Eine genaue Eingrenzung der Zuständigkeit des Apostolischen Stuhles findet sich in can. 838, §2, *CIC/1983*:

„Sache des Apostolischen Stuhles ist es, die heilige Liturgie der ganzen Kirche zu ordnen, die liturgischen Bücher herauszugeben und ihre Übersetzungen in die Volkssprachen zu überprüfen sowie darüber zu wachen, dass die liturgischen Ordnungen überall getreu eingehalten werden."

Zunächst erstreckt sich die Ordnung der Liturgie auf die Gesamtkirche, daher erlässt der Apostolische Stuhl allgemeine Rechtsvorschriften. Hier nun wird das stärkere Verb *ordinare* bemüht.

Der Apostolische Stuhl wird nach can. 361, *CIC/1983* wie folgt definiert: „Unter der Bezeichnung Apostolischer Stuhl oder Heiliger Stuhl ist in diesem Gesetzbuch nicht nur der Papst zu verstehen, sondern auch, wenn nicht aus der Natur der Sache oder aus dem Kontext anderes offensichtlich

---

RAT ZUR AUSFÜHRUNG DER KONSTITUTION ÜBER DIE HEILIGE LITURGIE, Rundbrief (30. Juni 1965).

283 ALTHAUS, *Ordnung der Liturgie*, in: *MK*, 838/4, Rdn. 2.

ist, das Staatssekretariat, der Rat für die öffentlichen Angelegenheiten der Kirche[284] und andere Einrichtungen der Römischen Kurie."[285]

Auch hier besteht grundsätzlich eine Übereinstimmung mit can. 7, *CIC/1917*.

Der *CIC/1983* selbst nennt verschiedene Bereiche der Zuständigkeit:

- Allein die höchste kirchliche Autorität (*suprema ecclesia auctoritas*), d.h. der Papst oder das Bischofskollegium in Einheit mit dem Papst als seinem Haupt[286] darf beurteilen oder festlegen, was zur Gültigkeit der Sakramente erforderlich ist.[287]

  Auch hier ist durch das Adverb „allein", *unius*, die absolute Ausschließlichkeit unterstrichen. Sie betrifft die ganze katholische Kirche aller Riten und nicht nur die lateinische, denn die Sakramente sind der Zahl und Art nach in der gesamten Kirche dieselben. Sie beruhen als von Jesus Christus selbst gestiftet auf göttlichem Recht und gehören dem *depositum fidei* an. Es ist allein Sache der höchsten kirchlichen Autorität darüber zu bestimmen, um „die Einheit und Katholizität der Kirche zu schützen. Dies meint in Bezug auf die Sakramente zu billigen (*probare*) und zu bestimmen (*definire*), was deren Anzahl und die Zugehörigkeit einzelner Sakramente hierzu angeht, ferner festzulegen, was Materie und Form

---

284 Gemäß JOHANNES PAUL II., Apostolische Konstitution: *Pastor bonus* (1988), Art. 45–47 ist dieser Rat die zweite Sektion des Staatssekretariates.

285 Vgl. can. 361, *CIC/1983*: „Nomine Sedis Apostolicae vel Sanctae Sedis in hoc Codice veniunt non solum Romanus Pontifex, sed etiam, nisi ex rei natura vel sermonis contextu aliud appareat, Secretaria Status, Consilium pro publicis Ecclesiae negotiis, aliaque Romanae Curiae Instituta."

286 Vgl. can. 336, *CIC/1983*: „Collegium Episcoporum, cuius caput est Summus Pontifex cuiusque membra sunt Episcopi vi sacramentalis consecrationis et hierarchica communione cum Collegii capite et membris, et in quo corpus apostolicum continuo perseverat, una cum capite suo, et numquam sine hoc capite, subiectum quoque supremae et plenae potestatis in universam Ecclesiam exsistit."

287 Vgl. can. 841, *CIC/1983*: „Cum sacramenta eadem sint pro universa Ecclesiae et ad divinum depositum pertineant, unius supremae Ecclesiae auctoritatis est probare vel definire quae ad eorum validitatem sunt requisita, atque eiusdem aliusve auctoritatis competentis, ad normam can. 838, §§ 3 et 4, est decernere quae ad eorum celebrationem, administrationem et receptionem licitam necnon ad ordinem in eorum celebratione servandum spectant."

der Sakramente [...] sowie deren Spender und Empfänger betrifft."[288] In neuerer Zeit geschieht dies z. B. bei der Firmung, deren Spenderkreis ausgedehnt wird[289] oder bei der lehramtlichen Klärung der bis dahin umstrittenen Frage nach Materie und Form des Weihesakraments[290].
Die höchste kirchliche Autorität kann aber auch außer Materie und Form weitere essentielle Konditionen zur Gültigkeit des Empfangs eines Sakraments fordern, z. B. die Formpflicht bei Eheschließungen.[291]
Dieselbe kirchliche Autorität soll entscheiden, was für die Erlaubtheit zur Feier, zur Spendung und zum Empfang der Sakramente und was zu der bei ihrer Feier einzuhaltenden Ordnung gehört.[292]
Die Erlaubtheit ist gegenüber der Gültigkeit von nachgeordneter Bedeutung. Es kann sich z. B. um Ort, Spender oder Empfänger handeln. Hier kann die höchste kirchliche Autorität völlig frei entscheiden, bleibt jedoch an das göttliche Recht gebunden.[293]

- Sie soll über die Erlaubtheit der Spendung der Buße, der Eucharistie und der Krankensalbung an Gliedern nichtkatholischer Kirchen entscheiden.[294]

---

288 ALTHAUS, *Vollmacht über die Sakramente*, in: *MK*, 841/2 f., Rdn. 2.

289 Vgl. can. 884, *CIC/1983*: „§ 1. Episcopus dioecesanus confirmationem administret per se ipse aut curet ut per alium Episcopum administretur; quod si necessitas id requirat, facultatem concedere potest uni vel pluribus determinatis presbyteris, qui hoc sacramentum administrent.
§ 2. Gravi de causa, Episcopus itemque presbyter, vi iuris aut peculiaris concessionis competentis auctoritatis facultate confirmandi donatus, possunt in singulis casibus presbyteros, ut et ipsi sacramentum administrent, sibi sociare."

290 Vgl. PIUS XII., Apostolische Konstitution: *Sacramentum Ordinis* (1947), Nr. 4.

291 Vgl. can. 1108, § 1, *CIC/1983*: „Ea tantum matrimonia valida sunt, quae contrahuntur coram loci Ordinario aut parocho aut sacerdote vel diacono ab alterutro delegato qui assistant, necnon coram duobus testibus, secundum tamen regulas expressas in canonibus qui sequuntur, et salvis exceptionibus de quibus in cann. 144, 1112, § 1, 1116 et 1127, §§ 1–2."

292 Vgl. can. 841, *CIC/1983*.

293 Vgl. ALTHAUS, *Vollmacht über die Sakramente*, in: *MK*, 841/2, Rdn. 2.

294 Vgl. can. 844, §3, *CIC/1983*: „Ministri catholici licite sacramenta paenitentiae, Eucharistiae et unctionis infirmorum administrant membris Ecclesiarum orientalium quae plenam cum Ecclesia catholica communionem non habent, si sponte id petant et rite sint disposita; quod etiam valet quoad membra aliarum

Hier sind zunächst die Angehörigen orientalischer Kirchen ausdrücklich erwähnt. Es sind aber ferner auch diejenigen Christen gemeint, die zwar durch „das *vinculum* des Glaubensbekenntnisses und der Sakramente, nicht aber durch das der Leitung mit der kath[olischen] Kirche [...] verbunden sind."[295] Das sind näherhin die orthodoxen und die altorientalischen Kirchen sowie wohl die Altkatholische Kirche, die Patriotische Kirche Chinas und die Polnische Nationalkirche in Amerika[296], welche die Buße, die Eucharistie und die Krankensalbung „nach katholischer Auffassung gültig besitzen."[297]

In der Praxis wird dieser Kanon schlagend bei der Frage, ob orthodoxe Kinder zur Erstbeichte, Erstkommunion und zu Firmung zugelassen werden können. Im Sinne des behandelten Kanons bestehen für die ersten beiden Sakramente keine Bedenken. Da aber in den orthodoxen Kirchen die Firmung im Anschluss an die Taufe gespendet wird, können Kinder nicht zugelassen werden, da dies eine Wiederholung der Spendung bedeuten würde.

– Sie kann Ablässe gewähren und soll die Ablasspraxis regeln.[298]

Wenn nicht der Papst selbst oder das Bischofskollegium in Einheit mit ihm als oberste Autorität Ablässe gewähren, dann kann dies kraft Rechtes die Apostolische Pönitentiarie, oder durch besondere ausdrückliche Bevollmächtigung des Apostolischen Stuhles eine andere kirchliche Autorität.

Ecclesiarum, quae iudicio Sedis Apostolicae, ad sacramenta quod attinet, in pari condicione ac praedictae Ecclesiae orientales versantur."

295 ALTHAUS, *Interkonfessionelle Sakramentendisziplin*, in: *MK*, 844/11, Rdn. 7 a).

296 Vgl. ebd. 844/12, Rdn. 7 a).

297 Ebd.

298 Vgl. can. 995, *CIC/1983*: „§ 1. Praeter supremam Ecclesiae auctoritatem ii tantum possunt indulgentias elargiri, quibus haec potestas iure agnoscitur aut a Romano Pontifice conceditur.
§ 2. Nulla auctoritas infra Romanum Pontificem potest potestatem concedendi indulgentias aliis committere, nisi id ei a Sede Apostolica expresse fuerit indultum." und 997, *CIC/1983*: „Ad indulgentiarum concessionem et usum quod attinet, servanda sunt insuper cetera praescripta quae in peculiarius Ecclesiae legibus continentur."

Allgemein geltende Grundlage des Ablassrechtes ist das *Enchiridion Indulgentiarum* der Apostolischen Pönitentiarie vom 29. Juni 1968.[299]

- Der Apostolische Stuhl erteilt die Dispens für eine Bischofskonsekration mit weniger als zwei Kokonsekratoren.[300]
- Er kann Dispensen von Irregularitäten in Bezug auf die Weihe erteilen.[301]
- Nur der Apostolische Stuhl kann Sakramentalien einführen, auslegen, abschaffen oder verändern.[302]

Was vom Zweiten Vatikanischen Konzil in *Sacrosanctum Concilium*, Nr. 79 mit Bezugnahme auf Nr. 63 der Bischofskonferenz bzw. dem Partikularkonzil, *coetus Episcoporum*, zugestanden wird, nämlich nach päpstlicher Bestätigung neue Sakramentalien einzuführen, ist in can. 1167, *CIC/1983* nicht mehr erwähnt, vielmehr durch das Wort „nur", *sola*, ausdrücklich verboten. „Offenbar ist die Aussage in SC Art. 79, wonach bei der Überarbeitung der Ritualien nach Maßgabe von Art. 63 bei Bedarf auch neue Sakramentalien zugefügt werden können, auf die

---

299 Vgl. LÜDICKE, *Anwendbare Vorschriften*, in: *MK*, 997/1, Rdn. 1.

300 Vgl. can. 1014, *CIC/1983*: „Nisi Sedis Apostolicae dispensatio intercesserit, Episcopus consecrator principalis in consecratione episcopali duos saltem Episcopos consecrantes sibi adiungat; valde convenit autem, ut una cum iisdem omnes Episcopi praesentes electum consecrent."

301 Vgl. can. 1047, *CIC/1983*: „§ 1. Uni Apostolicae Sedi reservatur dispensatio ab omnibus irregularitatibus, si factum quo innituntur ad forum iudiciale deductum fuerit.
§ 2. Eidem etiam reservatur dispensatio ab irregularitatibus et impedimentis ad ordines recipiendos, quae sequuntur:
1° ab irregularitatibus ex delictis publicis, de quibus in can. 1041, nn. 2 et 3;
2° ab irregularitate ex delicto sive publico sive occulto, de quo in can. 1041, n. 4;
3° ab impedimento, de quo in can. 1042, n. 1.
§ 3. Apostolicae Sedi etiam reservatur dispensatio ab irregularitatibus ad exercitium ordinis suscepti, de quibus in can. 1041, n. 3, in casibus publicis tantum, atque in eodem canone, n. 4, etiam in casibus occultis.
§ 4. Ab irregularitatibus et impedimentis Sanctae Sedi non reservatis dispensare valet Ordinarius."

302 Vgl. can. 1167, § 1, *CIC/1983*: „Nova sacramentalia constituere aut recepta authentice interpretari, ex eis aliqua abolere aut mutare, sola potest Sedes Apostolica."

als zum Zeitpunkt des Inkrafttretens des Codex im Wesentlichen abgeschlossen angesehene Liturgiereform beschränkt."[303]

- Er kann einen von einer Bischofskonferenz erstellten Eheschließungsritus rekognoszieren.[304]
- Das Vermögensrecht desselben Codex bestimmt, dass bedeutende Reliquien oder Bilder nur mit Erlaubnis des Heiligen Stuhles veräußert oder für immer transferiert werden können.[305]
- Nur der Heilige Stuhl kann ein internationales Heiligtum anerkennen.[306]
- Das sind Sanktuarien, zu denen Pilger aus vielen Nationen kommen, wie z. B. die Wallfahrtsstätten in Rom, Santiago de Compostela, Lourdes, Lisieux, Fatima, usw. Heiligtümern können Privilegien gewährt werden[307], z. B. die Krönung eines Gnadenbildes, die Gewährung von Ablässen oder die Erhebung einer Kirche zur *Basilica minor*. Dies sind „indirekte Formen der Approbation."[308] Der Heilige Stuhl kann aber auch auf die direkte Approbation mittels Verwaltungsdekret zurückgreifen.

---

303 REINHARDT, *Jurisdiktion über die Sakramentalien*, in: *MK*, 1167/1, Rdn. 1.

304 Vgl. can. 1120, *CIC/1983*: „Episcoporum conferentia exarare potest ritum proprium matrimonii, a Sancta Sede recognoscendum, congruentem locorum et populorum usibus ad spiritum christianum aptatis, firma tamen lege ut assistens matrimonio praesens requirat manifestationem consensus contrahentium eamque recipiat."

305 Vgl. can. 1190, § 2 und § 3, *CIC/1983*: „§ 2. Insignes reliquiae itemque aliae, quae magna populi veneratione honorantur, nequeunt quoquo modo valide alienari neque perpetuo transferri sine Apostolicae Sedis licentia.
§ 3. Praescriptum § 2 valet etiam pro imaginibus, quae in aliqua ecclesia magna populi veneratione honorantur."

306 Vgl. can. 1231, *CIC/1983*: „Ut sanctuarium dici possit nationale, accedere debet approbatio Episcoporum conferentiae; ut dici possit internationale, requiritur approbatio Sanctae Sedis."

307 Vgl. can. 1233, *CIC/1983*: „Sanctuariis quaedam privilegia concedi poterunt, quoties locorum circumstantiae, peregrinantium frequentia et praesertim fidelium bonum id suadere videantur."

308 REINHARDT, *Heiligtum – Einteilung*, in: *MK*, 1231/1, Rdn. 1 b).

- „Für die ganze Kirche gemeinsame Feiertage und Bußtage einzuführen, zu verlegen und aufzuheben, ist allein Sache der höchsten kirchlichen Autorität.“[309]
- Der Apostolische Stuhl kann den Bischofskonferenzen erlauben, gebotene Feiertage zu streichen oder auf einen Sonntag zu verlegen.[310]

Inhaltlich sind die Regelungen nicht an verschiedene Teile oder Bereiche der liturgischen Handlungen gebunden, sie können „Aufbau und Ablauf [...], Spendeformeln der Sakramente und Sakramentalien, Gebete, Gesten, Handlungen der Amtsträger, anderer Dienste sowie der Gläubigen“[311] betreffen.

Man kann von liturgischen Normen im weiteren Sinn sprechen, wenn sie eher disziplinärer als ritueller Natur sind. Liturgische Normen im engeren Sinn sind Rubriken, welche den rituellen Ablauf in der liturgischen Aktion direkt betreffen.[312] Beide Arten von liturgischen Normen fallen selbstverständlich in die Kompetenz des Apostolischen Stuhles, wobei der *CIC/1983* vorwiegend liturgische Normen im weiteren Sinne beinhaltet.

Der Aufsichtspflicht über die Einhaltung der liturgischen Vorschriften[313] kommt der Apostolische Stuhl durch Instruktionen oder „Verfügungen im Einzelfall“[314] nach. Es wird deutlich die Abstellung von Missständen angemahnt[315], die durch die vorgeschriebenen Quinquennalberichte des Diözesanbischofs über den Stand seiner Diözese[316] und Anzeigen von Gläubigen, die gemäß der Instruktion *Redemptionis sacramentum*,

309 Vgl. can. 1244, § 1, *CIC 1983*: „Dies festos itemque dies paenitentiae, universae Ecclesiae communes, constituere, transferre, abolere, unius est supremae ecclesiasticae auctoritatis, firmo praescripto can. 1246, § 2.“

310 Vgl. can. 1246, § 2, *CIC/1983*: „Episcoporum conferentia tamen potest, praevia Apostolicae Sedis approbatione, quosdam ex diebus festis de praecepto abolere vel ad diem dominicam transferre.“

311 ALTHAUS, *Ordnung der Liturgie*, in: *MK*, 838/5, Rdn. 3.

312 Vgl. ESPOSITO, *Il codice di Diritto Canonico latino e le leggi liturgiche*, 202 f.

313 Vgl. can. 838, § 2, *CIC/1983*.

314 ALTHAUS, *Ordnung der Liturgie*, in: *MK*, 838/5, Rdn. 3.

315 Z. B. KONGREGATION FÜR DEN GOTTESDIENST UND DIE SAKRAMENTENORDNUNG, Instruktion: *Redemptionis Sacramentum* (2004), Nr. 172 ff.

316 Vgl. can. 399, § 1, *CIC/1983*: „Episcopus dioecesanus tenetur singulis quinquenniis relationem Summo Pontifici exhibere super statu dioecesis sibi commissae, secundum formam et tempus ab Apostolica Sede definita.“

Nr. 184 jedem Gläubigen rechtlich erlaubt sind, dem Apostolischen Stuhl bekannt gemacht werden. Dass diese Pflicht dem Heiligen Stuhl zugesprochen wird, ist eine Neuerung des *CIC/1983* und vielleicht sogar eine Selbstüberschätzung, denn darüber zu wachen, dass überall, d. h. bei jeder Zelebration, die liturgischen Ordnungen eingehalten werden, erweist sich für eine zentrale Institution trotz Quinquennalberichten und Anzeigen sicher als sehr schwierig. Hier kann man eine Rücknahme der Dezentralisationstendenz, die in can. 838, § 1, *CIC/1983* festgeschrieben wird, erkennen. Im *CIC/1917* hingegen ist die Überwachung noch Sache der Ortsordinarien.[317]

II.1 Papst und Konzil

Der Papst hat gemäß des *CIC/1983* als oberster Gesetzgeber die „höchste, volle, unmittelbare und universale ordentliche Gewalt“[318] inne, was natürlich die umfassende Kompetenz in der Ordnung der Liturgie einschließt.

Zusammen mit dem Papst als obersten Hirten hat auch das Gesamt des Bischofskollegiums die umfassende Kompetenz, die Liturgie zu ordnen.[319] Dies übt es auf dem Ökumenischen Konzil aus.[320] Der *CIC/1917* spricht dem Ökumenischen Konzil als Rechtssubjekt direkt die höchste Gewalt über die Gesamtkirche zu.[321] Can. 337, § 1, *CIC/1983* führt es lediglich als eine feierliche Ausübung der Gewalt des Bischofskollegiums an.

---

317 Vgl. can. 1261, *CIC/1917*.

318 Vgl. can. 331, *CIC/1983*: „Ecclesiae Romanae Episcopus, in quo permanet munus a Domino singulariter Petro, primo Apostolorum, concessum et successoribus eius transmittendum, Collegii Episcoporum est caput, Vicarius Christi atque universae Ecclesiae his in terris Pastor; qui ideo vi muneris sui suprema, plena, immediata et universali in Ecclesia gaudet ordinaria potestate, quam semper libere exercere valet.“

319 Vgl. can. 336, *CIC/1983*.

320 Vgl. can. 337, § 1, *CIC/1983*: „Potestatem in universam Ecclesiam Collegium Episcoporum sollemni modo exercet in Concilio Oecumenico.“

321 Vgl. can. 228, § 1, *CIC/1917*: „Concilium Oecumenicum suprema pollet in universam Ecclesiam potestate.“

II.2 Römische Kurie

Der Apostolische Stuhl handelt durch seine Dikasterien im Namen des Papstes. So besitzt die Kongregation für den Gottesdienst und die Sakramentenordnung, die frühere Ritenkongregation, für die Ordnung der Liturgie breite vom Papst abgeleitete Kompetenz. Wesentliche Aufgaben dieses Dikasteriums sind, die Liturgie, besonders die Sakramente, rechtlich zu gestalten, liturgische Texte zu erstellen und die *recognitio* für die von den Bischofskonferenzen erarbeiteten Übersetzungen und Anpassungen der liturgischen Bücher zu erteilen. Ebenso hat diese Kongregation auch eine Überwachungspflicht, dass Missbräuche verhütet oder gegebenenfalls abgestellt werden.[322]

---

322 Vgl. JOHANNES PAUL II., Apostolische Konstitution: *Pastor bonus* (1988), Art. 62 – 70: „Art. 62 – Congregatio ea agit quæ, salva competentia Congregationis de Doctrina Fidei, ad Sedem Apostolicam pertinent quoad moderationem ac promotionem sacræ liturgiæ, in primis Sacramentorum.
Art. 63 – Sacramentorum disciplinam, præsertim quod attinet ad eorum validam et licitam celebrationem, fovet atque tuetur; gratias insuper atque dispensationes concedit, quæ ad Episcoporum dioecesanorum facultates hac in regione non pertinent.
Art. 64 – § 1. Congregatio actionem pastoralem liturgicam, peculiari ratione ad Eucharisticam celebrationem quod attinet, efficacibus ac congruis mediis promovet; Episcopis diœcesanis adest, ut Christifideles sacram liturgiam magis in dies actuose participent.
§ 2. Textibus liturgicis conficiendis aut emendandis prospicit; recognoscit calendaria peculiaria atque Propria Missarum et Officiorum Ecclesiarum particularium necnon Institutorum, quæ hoc iure fruuntur.
§ 3. Versiones librorum liturgicorum eorumque aptationes ab Episcoporum Conferentiis legitime paratas recognoscit.
Art. 65 – Commissionibus vel Institutis ad apostolatum liturgicum vel musicam vel cantum vel artem sacram promovenda conditis favet et cum iis rationes habet; huiuscemodi consociationes, quæ indolem internationalem præ se ferant, ad normam iuris erigit vel eorum statuta approbat ac recognoscit; conventus denique ex variis regionibus ad vitam liturgicam provehendam fovet.
Art. 66 – Attente invigilat ut ordinationes liturgicæ adamussim serventur, abusus præcaveantur iidemque, ubi deprehendantur, exstirpentur.
Art. 67 – Huius Congregationis est cognoscere de facto inconsummationis matrimonii et de exsistentia iustæ causæ ad dispensationem concedendam. Ideoque acta omnia cum voto Episcopi et animadversionibus Defensoris Vinculi

Seit der Apostolischen Konstitution über die Römische Kurie *Pastor bonus* aus dem Jahre 1988 sind ihre Kompetenzen klar abgesteckt. In den Nummern 62 bis 70 wird ihr zugesprochen,

- die Liturgie, besonders die Sakramente, rechtlich zu gestalten und zu fördern[323];
- die Ordnung der Sakramente zu fördern und zu schützen, besonders im Hinblick auf Gültigkeit und Erlaubtheit[324];
- Dispensen und andere Gnadenerweise, die über die Kompetenzen des Diözesanbischofs hinausgehen, zu gewähren[325];
- liturgische und pastorale Aktivitäten, besonders im Zusammenhang mit der heiligen Eucharistie, zu fördern[326];
- Diözesanbischöfe bei ihrem Streben nach einer immer aktiveren Teilnahme der Gläubigen an der Liturgie zu unterstützen[327];
- liturgische Texte zu erstellen und herauszugeben[328];
- Partikularkalender, Proprien der Messe und Eigenfeiern von Teilkirchen und rechtlich gleichgestellte Einrichtungen zu überprüfen[329];
- Übersetzungen der liturgischen Bücher und Anpassungen der Bischofskonferenzen, zu rekognoszieren[330]. Die *recognitio* stellt einen Verwaltungsakt für Einzelfälle dar[331], welcher der Bischofskonferenz die

accipit et, iuxta peculiarem procedendi modum, perpendit atque, si casus ferat, Summo Pontifici petitionem ad dispensationem impetrandam subicit.
Art. 68 – Ipsa competens quoque est in causis de nullitate sacræ ordinationis cognoscendis ad normam iuris.
Art. 69 – Competens est quoad cultum sacrarum reliquiarum, confirmationem cælestium Patronorum et Basilicæ minoris titulum concedendum.
Art. 70 – Congregatio adiuvat Episcopos ut, præter liturgicum cultum, preces necnon pia populi christiani exercitia, normis Ecclesiæ plene congruentia, foveantur et in honore habeantur."

323 Vgl. ebd., Art. 62.
324 Vgl. ebd., Art. 63.
325 Vgl. ebd.
326 Vgl. ebd., Art. 64, § 1.
327 Vgl. ebd.
328 Vgl. ebd., Art. 64, § 2.
329 Vgl. ebd.
330 Vgl. ebd. Art. 64, § 3.
331 Vgl. can. 48, *CIC/1983*.

Promulgation und das Inkrafttreten des liturgischen Buches als allgemeines Dekret erlaubt;

- „Kommissionen oder Institute, die zur Förderung des liturgischen Apostolats oder der Musik oder des Gesangs oder der religiösen Kunst gegründet wurden“[332] zu unterstützen und den Kontakt mit ihnen zu pflegen[333];
- derartige internationale Vereinigungen[334] zu gründen und ihre Statuten zu überprüfen und zu approbieren[335];
- Treffen, welche das liturgische Leben bereichern sollen, zu unterstützen[336];
- genau über die Einhaltung der liturgischen Ordnung zu wachen und Missbräuche zu verhüten und gegebenenfalls abzustellen[337];
- sich des Reliquienkultes anzunehmen[338];
- himmlische Patrone zu bestätigen[339];
- den Titel einer *Basilica minor* zu verleihen[340];
- und die Bischöfe bei ihrer Regulierungspflicht der Gebete und Übungen der Volksfrömmigkeit zu unterstützen[341].

Die Fälle von nichtvollzogenen Ehen und damit zusammenhängende Dispensen sowie Weihenichtigkeitsbeurteilungen löst Papst Benedikt XVI.

---

332 JOHANNES PAUL II., Apostolische Konstitution: *Pastor bonus* (1988), Art. 65.
333 Vgl. ebd.
334 Z. B. die Vereinigung von Ministranten *Coetus Internationalis Ministrantium* (CIM) (Vgl. KONGREGATION FÜR DEN GOTTESDIENST UND DIE SAKRAMENTENORDNUNG, Instruktion: *Redemptionis sacramentum* (2004), Nr. 47).
335 Vgl. JOHANNES PAUL II., Apostolische Konstitution: *Pastor bonus* (1988), Art. 65.
336 Vgl. ebd.
337 Vgl. ebd., Art. 66.
338 Vgl. ebd., Art. 69.
339 Vgl. ebd.
340 Vgl. ebd.
341 Vgl. ebd., Art. 70.

2011 aus der Zuständigkeit der Kongregation[342] heraus und überträgt sie einem Amt bei der Rota Romana.[343]

Der Zuständigkeitsbereich der Kongregation für den Gottesdienst und die Sakramentenordnung erstreckt sich über die ganze lateinische Kirche.

Die Arbeitsweise drückt sich meist in allgemeinen Dekreten aus, wie z. B. Instruktionen oder allgemeine Ausführungsdekrete, oder in Verwaltungsakte für Einzelfälle, wie z. B. Reskripte oder Dispensen.

Das Dikasterium promulgiert auch im Namen des Papstes revidierte liturgische Riten und gibt somit allgemeine gesetzgebende Dekrete heraus.[344]

Was die lehrmäßigen Fragen über die Sakramente betrifft, ist hingegen die Kongregation für die Glaubenslehre zuständig.[345]

Was die Umsetzung der Vorschriften des Motu Proprios *Summorum Pontificum* von Papst Benedikt XVI. betrifft, hat die Päpstliche Kommission *Ecclesia Dei* zu besorgen, die ihrerseits der Kongregation für die Glaubenslehre angehört.[346]

Die Instruktion *Redemptionis sacramentum* vom 25. März 2004 spricht der Kongregation für den Gottesdienst und die Sakramentenordnung in Nummer 27 die alleinige Kompetenz zu, nach vorheriger schriftlicher Bitte, einer Bischofskonferenz liturgische Experimente im Sinne der Inkulturation aus schwerwiegendem Grund zu erlauben.

Generell handelt es sich bei dieser Instruktion um eine Verlautbarung mit dem Ziel, einige Tatsachen bezüglich der Eucharistie zu klären und wieder ins Gedächtnis zu rufen. Dabei ergeben sich aber unter dem Aspekt der Ordnung der Liturgie einige kanonistische Unklarheiten.

Nach can. 34, *CIC/1983* handelt es sich bei Instruktionen um Verwaltungsverordnungen, die bestehende Vorschriften lediglich erklären und deren Ausführung näher bestimmen, und richten sich an diejenigen, die

342 Vgl. JOHANNES PAUL II., Apostolische Konstitution: *Pastor bonus* (1988), Art. 67 und 68.

343 Vgl. BENEDIKT XVI., Motu Proprio: *Quaerit semper* (2011).

344 Vgl. HUELS, *Liturgy and Law*, 43.

345 Vgl. JOHANNES PAUL II., Apostolische Konstitution: *Pastor bonus* (1988), Art. 48.

346 BENEDIKT XVI., Motu Proprio: *Ecclesiae unitatem* (2009), Art. 12.

sie auszuführen haben.[347] Instruktionen sind also an die jeweiligen Gesetze gebunden und stehen somit nicht über ihnen, können sie also weder ersetzen noch abändern.

Damit eine Kongregation neue Gesetze bzw. allgemeine Dekrete nach can. 29, *CIC/1983* erlassen oder Gesetzesänderungen vornehmen kann[348], bedarf es der Approbation des Papstes *in forma specifica*.[349] Diese muss auch als solche deutlich gemacht werden.

Diese spezielle Approbation des Papstes liegt für die Instruktion *Redemptionis sacramentum* nicht vor, obschon Papst Johannes Paul II. bei seinem Auftrag für diese Instruktion wünschte, dass auch „Hinweise rechtlicher Natur"[350] darin vorkommen.

Nach Beratung und Gegenlesung durch die Kongregation für die Glaubenslehre und den Päpstlichen Rat für die Interpretation von Gesetzestexten[351] und Approbation *in forma communi* am 19. März 2004 durch Papst Johannes Paul II. wurde *Redemptionis sacramentum* schließlich veröffentlicht.

---

347 Vgl. can. 34, *CIC/1983*: „§ 1. Instructiones, quae nemque legum praescripta declarant atque rationes in iisdem exsequendis servandas evolvunt et determinant, ad usum eorum dantur quorum est curare ut leges exsecutioni mandentur, eosque in legum exsecutione obligant, eas legitime edunt, intra fines suae competentiae, qui potestate exsecutiva gaudent.
§ 2. Instructionum ordinationes legibus non derogant, et si quae cum legum praescriptis componi nequeant, omni vi carent.
§ 3. Vim habere desinunt instructiones non tantum revocatione explicita aut implicita auctoritatis competentis, quae eas edidit, eiusve superioris, sed etiam cessante lege ad quam declarandam vel exsecutioni mandandam datae sunt."

348 Vgl. can. 29, *CIC/1983*: „Decreta generalia, quibus a legislatore competenti pro communitate legis recipiendae capaci communia feruntur praescripta, proprie sunt leges et reguntur praescriptis canonum de legibus."

349 Vgl. SCHMITZ, *Approbatio in forma specifica*.

350 KONGREGATION FÜR DEN GOTTESDIENST UND DIE SAKRAMENTENORDNUNG, Instruktion: *Redemptionis sacramentum* (2004), Nr. 2.

351 Nach Heribert SCHMITZ ist anzunehmen, dass rechtliche Beanstandungen des Päpstlichen Rates für die Interpretation von Gesetzestexten bei der Veröffentlichung teilweise nicht berücksichtigt wurden. (Vgl. SCHMITZ*: Die Liturgie-Instruktion Redemptionis sacramentum von 2004*, 4 f.)

So handelt es sich bei dieser Instruktion also um eine Ausführungsbestimmung, die bestehende Vorschriften nicht rechtswirksam ändern kann. „Die am Ende der Instruktion verwendete Widerrufsformel ‚Contrariis omnibus quibuslibet non obstantibus' – ‚Etwaige entgegenstehende Anordnungen sind widerrufen' bezieht sich nicht auf der Kongregation vorgegebenes Recht, sondern allenfalls und nur auf Anordnungen der Kongregation für den Gottesdienst und die Sakramentenordnung und auf rangniedere Anordnungen."[352]

In der Instruktion werden viele Missbräuche der Liturgie beim Namen genannt und ihre Vermeidung durch Normen eingeschärft. Es besteht allerdings das Problem, dass viele dieser Normen und gerade auch, wenn sie schwere Missbräuche betreffen, ohne Belegstellen aufgestellt werden. Das heißt, sie entbehren der erwähnten nötigen „Normen-Grundlage"[353]. „Daher ist davon auszugehen, dass die ‚normae' ohne Angabe der Normen-Grundlage [...] die in c[an]. 34 [, *CIC/1983*] gezogenen Grenzen einer Instruktion überschreiten und daher jeder Rechtskraft entbehren, wenn sie nicht in Einklang mit den vorgegebenen liturgie-rechtlichen Vorschriften gebracht werden können"[354].[355] Bei einigen Normen wäre die Angabe von Belegstellen aber auch möglich gewesen.[356]

Verlautbarungen mit mehr Rechtssicherheit stellen z. B. die Aufwertung von Festen, wie das Fest Pauli Bekehrung am 25. Januar 2009, das auf einen Sonntag fällt, dar.[357]

---

352 SCHMITZ, *Die Liturgie-Instruktion Redemptionis sacramentum von 2004*, 5.
353 Ebd., 10.
354 Vgl. can. 34, § 2, *CIC/1983*.
355 SCHMITZ, *Die Liturgie-Instruktion Redemptionis sacramentum von 2004*, 10 f.
356 Es handelt sich konkret um folgende Nummern von *Redemptionis sacramentum*: 35, 44, 49, 50, 55, 57, 58, 59, 60, 65, 74, 76, 77, 78, 79, 83, 84, 87, 94, 96, 98, 106, 109, 118, 120, 126, 127, 128, 136, 138, 139, 144, 149, 153, 159, 160, 161, 163, 164, 165 und 166.
357 Vgl. KONGREGATION FÜR DEN GOTTESDIENST UND DIE SAKRAMENTENORDNUNG, Dekret: *Sanctum Paulum* (2008).

Ebenso exemplarisch ist die Einführung der Nennung des Namens des Hl. Joseph in die Messkanones zwei bis vier.[358]

II.3 Bischofskonferenz

Der can. 838, § 3, *CIC/1983* nennt als zweite Kompetenzinstanz für liturgische Gesetzgebung die Bischofskonferenz, obwohl sie in § 1 desselben Kanons nicht erwähnt ist.

Im Dekret des Zweiten Vatikanischen Konzils über die Hirtenaufgabe der Bischöfe *Christus Dominus* vom 28. Oktober 1965 bringt das Konzil zum Ausdruck, dass es aus Erfahrungswerten mit schon existierenden Bischofskonferenzen[359] für sehr angebracht hält, „dass sich überall die Bischöfe desselben Landes oder Gebietes zu einem Gremium zusammenfinden."[360]

So sollen sich die Bischöfe eines Landes oder Gebietes zusammenschließen, um ihren Hirtendienst gemeinsam ausüben zu können. Dies wird auf Anweisung Papst Pauls VI. im Motu Proprio *Ecclesiae sanctae* vom 6. August 1966 überall in der Kirche umgesetzt.

Schon die Konstitution über die Heilige Liturgie *Sacrosanctum Concilium* spricht im Jahre 1963, noch bevor es überhaupt überall Bischofskonferenzen gab, gewissen *coetus Episcoporum* schon eine Rolle in der Umsetzung der angestrebten Liturgiereform zu:

„Auch den rechtmäßig konstituierten, für bestimmte Gebiete zuständigen Bischofsvereinigungen verschiedener Art steht es auf Grund einer vom Recht gewährten Vollmacht zu, innerhalb festgelegter Grenzen die Liturgie zu ordnen."[361]

So wird es Aufgabe der Bischofskonferenzen die muttersprachlichen Übersetzungen der *editiones typicae* der liturgischen Bücher zu erstellen und Anpassungen an die örtlichen Verhältnisse vorzunehmen.[362]

---

358 Vgl. KONGREGATION FÜR DEN GOTTESDIENST UND DIE SAKRAMENTENORDNUNG, Dekret: *Paternas vices* (2013).

359 Z.B. die Fuldaer Bischofskonferenz.

360 ZWEITES VATIKANISCHES KONZIL, Dekret: *Christus Dominus*, Nr. 37.

361 ZWEITES VATIKANISCHES KONZIL, Konstitution: *Sacrosanctum Concilium*, Nr. 22, § 2.

362 Vgl. ebd., Nr. 36, § 4 und 39 f.

Diese Aufgabe gibt der can. 838, § 3, *CIC/1983* als Hauptaufgabe der Bischofskonferenzen an:

Die Bischofskonferenzen haben die Übersetzungen der liturgischen Bücher in die Volkssprachen zu besorgen und sie dabei innerhalb der in diesen liturgischen Büchern festgelegten Grenzen in angemessener Weise ihren Verhältnissen anzupassen; diese Übersetzungen haben sie nach vorgängiger Überprüfung durch den Heiligen Stuhl herauszugeben.

Für die genaue Vorgehensweise der Übersetzung und Adaptionen sind die Instruktionen *Liturgiam authenticam*[363] und *Varietates legitimae*[364] der Kongregation für den Gottesdienst und die Sakramentenordnung ausschlaggebend.

Der *CIC/1917* kennt die Institution der Bischofskonferenz im Sinne einer teilkirchlich gesetzgebenden Instanz nicht. Sofern der Apostolische Stuhl nichts anderes verfügt, regelt can. 292, *CIC/1917* lediglich die Zusammenkunft der Bischöfe einer Metropolie, eines Landes oder Landesteiles[365] bzw. der durch can. 285, *CIC/1917* ihnen Gleichgestellten für alle fünf Jahre. In dieser Bischofkonferenz soll über die Fortschritte in der Religion und über Traktanden des nächsten Provinzialkonzils beraten werden. Es sind alle Mitglieder zur Teilnahme verpflichtet. Beschlüsse dieser Art von Bischofskonferenz erlangen erst durch Promulgation der einzelnen Bischöfe Rechtswirksamkeit.[366]

---

363 KONGREGATION FÜR DEN GOTTESDIENST UND DIE SAKRAMENTENORDNUNG, Instruktion: *Liturgiam authenticam* (2001).

364 KONGREGATION FÜR DEN GOTTESDIENST UND DIE SAKRAMENTENORDNUNG, Instruktion: *Varietates legitimae* (1994).

365 Vgl. can. 292, *CIC/1917*: „§1. Nisi aliter pro peculiaribus locis a Sede Apostolica provisum fuerit, Metropolita, eoque deficiente, antiquior e Suffraganeis ad normam can. 284, curet ut Ordinarii locorum, saltem quinto quoque anno, stato tempore apud Metropolitam aliumve Episcopum comprovincialem conveniant, ut, collatis consiliis, videant quaenam in dioecesibus agenda sint ut bonum religionis promoveatur, eaque praeparent de quibus in futuro Concilio provinciali erit agendum.

§2. Etiam Episcopi aliique de quibus in can. 285, una cum aliis Ordinariis convocari et convenire debent.

§3. Iidem Ordinarii congregati sedem proximi conventus designent.“

366 Vgl. MÖRSDORF, *Lehrbuch des Kirchenrechts*, 1959, Bd, I, 393.

II.4 Partikularkonzil

Auch Partikularkonzilien haben gemäß *CIC/1983* liturgische Ordnungskompetenzen. Da der can. 445, *CIC/1983* nicht genauer die Kompetenzbereiche für ein Partikularkonzil angibt[367], ist anzunehmen, dass seine gesetzgebende Autorität ähnlich wie die des Bischofs weit reicht und somit auch für die Ordnung der Liturgie Kompetenzen in Anspruch nehmen kann, sofern nicht höheres oder reserviertes Recht berührt wird.[368] So ist eine Erlaubnis des Heiligen Stuhles notwendig, wenn ein Partikularkonzil über eine Sache entscheiden wollte, die von Rechts wegen der Bischofskonferenz zusteht.[369]

Alle Beschlüsse müssen dem Heiligen Stuhl übersandt werden.[370]

Damit allgemeine Dekrete Rechtsverbindlichkeit erlangen, bedürfen sie der absoluten Mehrheit der anwesenden Stimmberechtigten[371] und der *recognitio* des Apostolischen Stuhles.[372]

Der Geltungsbereich für ein Partikularkonzil deckt sich mit dem der Bischofskonferenz.

---

367 Vgl. can. 445, *CIC/1983*: „Concilium particulare pro suo territorio curat ut necessitatibus pastoralibus populi Dei provideatur atque potestate gaudet regiminis, praesertim legislativa, ita ut, salvo semper iure universali Ecclesiae, decernere valeat quae ad fidei incrementum, ad actionem pastoralem communem ordinandam et ad moderandos mores et disciplinam ecclesiasticam communem servandam, inducendam aut tuendam opportuna videantur."

368 Vgl. HUELS, *Liturgy and Law*, 59.

369 Vgl. ebd.

370 Vgl. can. 446, *CIC/1983*: „Absoluto concilio particulari, praese curet ut omnia acta concilii ad Apostolicam Sedem transmittantur; decreta a concilio edicta ne promulgentur, nisi postquam ab Apostolica Sede recognita fuerint; ipsius concilii est definire modum promulgationis decretorum et tempus quo decreta promulgata obligare incipiant."

371 Vgl. can. 119, 2°, *CIC/1983*: „Ad actus collegiales quod attinet, nisi iure vel statutis aliud caveatur: si agatur de aliis negotiis, id vim habet iuris, quod, praesente quidem maiore parte eorum qui convocari debent, placuerit parti absolute maiori eorum qui sunt praesentes; quod si post duo scrutinia suffragia aequalia fuerint, praeses suo voto paritatem dirimere potest;"

372 Vgl. can. 446, *CIC/1983*.

Der *CIC/1917* kennt ebenfalls das Partikularkonzil, wird jedoch in Plenarkonzil (*concilium plenarium*) und Provinzialkonzil (*concilium provinciale*) unterteilt.[373] Ein Plenarkonzil kann aus mehreren bzw. allen

373 Vgl. can. 281–292, *CIC/1917*: „Can. 281. – Ordinarii plurium provinciarum ecclesiasticarum in Concilium plenarium convenire possunt, petita tamen venia a Romano Pontifice, qui suum Legatum designat ad Concilium convocandum eique praesidendum.
Can. 282. – § 1. Concilio plenario assistere debent cum suffragio deliberativo, praeter Legatum Apostolicum, Metropolitae, Episcopi residentiales, qui, sui loco, mittere possunt Coadiutorem vel Auxiliarem Apostolici dioecesium Administratores, Abbates vel Praelati nullius, Vicarii Apostolici, Praefecti Apostolici, Vicarii Capitulares.
§ 2. Etiam Episcopi titulares, in territorio degentes, si a Legato Pontificio, secundum receptas instructiones, ad Concilium vocentur, adesse debent habentque suffragium deliberativum, nisi in convocatione aliud expresse caveatur.
§ 3. Alii ex utroque clero viri, forte ad Concilium invitati, suffragia non gaudent nisi consultivo.
Can. 283. – In singulis provinciis ecclesiasticis celebretur provinciale Concilium vicesimo saltem quoque anno.
Can. 284. – Metropolita, eoque legitime impedito vel sede archiepiscopali vacante, Suffraganeus antiquior promotione ad ecclesiam suffraganeam:
1° Locum ad celebrandum Concilium intra provinciae territorium, auditis omnibus qui assistere debent eum suffragio deliberativo, eligit; cessantibustamen iustis impedimentis, metropolitana ecclesia ne negligatur;
2° Concilium convocat eique praeest.
Can. 285. – Episcopi qui nulli Metropolitae subiiciuntur, Abbates vel Praelati nullius, et Archiepiscopi Suffraganeis carentes, aliquem viciniorem Metropolitam, nisi forte iam elegerint, semel pro semper, praevia Sedis Apostolicae approbatione, eligant, cuius Concilio provinciali cum aliis intersint, et quae ibi ordinata fuerint, observent et observanda curent.
Can. 286. – § 1. Praeter Episcopos, Abbates vel Praelatos nullius et Archiepiscopos de quibus in can. 285, ad Concilium provinciale vocandi sunt et convenire debent cum voto deliberativo Suffraganei omnes aliique de quibus in can. 282, §1.
§ 2. Episcopi titulares qui in provincia degunt, possunt a praeside, cum consensu maioris partis illorum qui cum voto deliberativo intersunt, convocari, et si convocentur, votum habent deliberativum, nisi aliud in convocatione caveatur.
§ 3. Capitula cathedralia aut consultores dioecesani cuiusvis dioecesis cuius Ordinarius ad normam §1 vocari debet, invitentur ad Concilium et invitati mittant duos ex capitularibus aut consultoribus collegialiter designatos, qui tamen obtinent votum tantum consultivum.

Kirchenprovinzen eines Landes bestehen. Ein Provinzialkonzil setzt sich lediglich aus einer Kirchenprovinz gegebenenfalls mit angeschlossenen exemten Ordinarien zusammen. Die Plenar- und Provinzialkonzilien haben

---

§4. Maiores quoque religionum clericalium exemptarum ac Congregationum monasticarum Superiores, qui in provincia resideant, invitandi sunt, debentque invitati adesse aut impedimentum, quo detinentur, Concilio notum facere; sed his, quemadmodum aliis ex utroque clero viris ad Concilium forte vocatis, votum est dumtaxat consultivum.
Can. 287. – §1. Qui Concilio plenario aut provinciali interesse debent cum voto deliberativo, si iusto impedimento detineantur, mittant procuratorem et impedimentum probent.
§2. Procurator, si fuerit unus ex Patribus quibus est votum deliberativum, duplici voto non gaudet; si non fuerit, habet votum dumtaxat consultivum.
Can. 288. – In Concilio sive plenario sive provinciali praeses, habito, si de provinciali agatur, Patrum consensu, determinat ordinem servandum in quaestionibus examinandis et ipsum Concilium aperit, transfert, prorogat, absolvit.
Can. 289. – Concilio plenario vel provinciali inchoato, nemini eorum qui interesse debent, licet discedere, nisi iustam ob causam a Legato Pontificio vel a Concilii provincialis Patribus probatam.
Can. 290. – Patres in Concilio plenario vel provinciali congregati studiose inquirant ac decernant quae ad fidei incrementum, ad moderandos mores, ad corrigendos abusus, ad controversias componendas, ad unam eandemque disciplinam servandam vel inducendam, opportuna fore pro suo cuiusque territorio videantur.
Can. 291. – § 1. Absoluto Concilio plenario aut provinciali, praeses acta et decreta omnia ad Sanctam Sedem transmittat, nec eadem antea promulgentur, quam a Sacra Congregatione Concilii expensa et recognita fuerint; ipsimet autem Concilii Patres designent et modum promulgationis decretorum et tempus quo decreta promulgata obligare incipiant.
§ 2. Decreta Concilii plenarii et provincialis promulgata obligant in suo cuiusque territorio universo, nec Ordinarii locorum ab iisdem dispensare possunt, nisi in casibus particularibus et iusta de causa.
Can. 292. – § 1. Nisi aliter pro peculiaribus locis a Sede Apostolica provisum fuerit, Metropolita, eoque deficiente, antiquior e Suffraganeis ad normam can. 284, curet ut Ordinarii locorum, saltem quinto quoque anno, stato tempore apud Metropolitam aliumve Episcopum comprovincialem conveniant, ut, collatis consiliis, videant quaenam in dioecesibus agenda sint ut bonum religionis promoveatur, eaque praeparent de quibus in futuro Concilio provinciali erit agendum.
§ 2. Etiam Episcopi aliique de quibus in can. 285, una cum aliis Ordinariis convocari et convenire debent.
§ 3. Iidem Ordinarii congregati sedem proximi conventus designent."

in ihren Beschlüssen für alle Teilnehmer zwar rechtsbindenden Charakter und dienen so der teilkirchlichen Gesetzgebung, jedoch ist ihr Gegenstand durch can. 290, *CIC/1917* auf die „Vertiefung des Glaubenslebens, Hebung der Sitten, Abstellung von Missbräuchen, Beilegung von Streitigkeiten“[374] beschränkt. Somit haben sie gemäß *CIC/1917* im Gegensatz zu den Bestimmungen des *CIC/1983* keine Kompetenzen in Bezug auf die liturgische Gesetzgebung, die alleine dem Apostolischen Stuhl vorbehalten ist.

II.5 Diözesanbischof

Mit dem Apostolischen Stuhl ist der Diözesanbischof als einziger in can. 838, § 1, *CIC/1983* ausdrücklich genannt, dem nach Maßgabe des Rechts Kompetenz in der Regelung der Liturgie zukommt.

Ihm steht es zu, in der ihm anvertrauten Kirche innerhalb der Grenzen seiner Zuständigkeit Normen für den Bereich der Liturgie zu erlassen, an die alle gebunden sind.[375] Selbstverständlich kann er dabei nicht gegen höheres Recht handeln.[376]

So hat er „die ganze ordentliche Gewalt zur Ausübung seines Hirtendienstes[377], was an sich auch die Liturgie und den Heiligungsdienst einschließt, doch nimmt der Gesetzestext mit der Wendung *intra limites suae competentiae* eine Beschränkung vor.“[378] Die ganze ordentliche Gewalt umschließt die gesetzgebende, die ausführende und die richterliche Gewalt[379],

374 MÖRSDORF, *Lehrbuch des Kirchenrechts*, 1959, Bd. I., 392.

375 Can. 838, § 4, *CIC/1983*: „Ad Episcopum dioecesanum in Ecclesia sibi commissa pertinet, intra limites suae competentiae, normas de re liturgica dare, quibus omnes tenentur.“

376 Vgl. can. 135, § 2, *CIC/1983*: „Potestas legislativa exercenda est modo iure praescripto, et ea qua in Ecclesia gaudet legislator infra auctoritatem supremam, valide delegati nequit, nisi aliud iure explicite caveatur; a legislatore inferiore lex iuri superiori contraria valide ferri nequit.“

377 Vgl. can. 381, § 1, *CIC/1983*: „Episcopo dioecesano in dioecesi ipsi commissa omnis competit potestas ordinaria, propria et immediata, quae ad exercitium eius muneris pastoralis requiritur, exceptis causis quae iure aut Summi Pontificis decreto supremae aut alii auctoritati ecclesiasticae reserventur.“

378 ALTHAUS, *Ordnung der Liturgie*, in: *MK*, 838/8, Rdn. 5.

379 Vgl. can. 391, § 1, *CIC/1983*: „Episcopi dioecesani est Ecclesiam particularem sibi commissam cum potestate legislativa, exsecutiva et iudiciali regere, ad normam iuris.“

die ihm nicht vom Heiligen Stuhl delegiert wurde, sondern die er ordentlich, kraft göttlichen Rechtes durch die Weihe erhalten hat.

Dies gilt auch für die dem Diözesanbischof rechtlich gleichgestellten Amtsträger, wie den „Territorialabt, Territorialprälat, Apostolischer Vikar, Apostolischer Präfekt und Apostolischen Administrator[380] sowie – unbeschadet des Grundsatzes *sede vacante, nihil innovetur*[381] – den interimistischen Leiter einer solchen Teilkirche“[382].[383]

Auch der *CIC/1917* stellt klar, dass der Diözesan- bzw. Residenzialbischof aufgrund göttlichen Rechts die volle und ordentliche Gewalt über seine Diözese ausübt, da er ein Nachfolger der Apostel ist.[384] So nimmt er in der Weihehierarchie die oberste Stufe ein. In der Ämterhierarchie allerdings steht er eine Stufe unter dem Papst. Unterschieden wird somit zwischen der unverlierbaren Weihevollgewalt und der verlierbaren bzw. einschränkbaren Oberhirtengewalt. Im Gegensatz zum can. 401, § 1, *CIC/1983*, demnach der Diözesanbischof gebeten ist (*rogatur*), seinen Rücktritt mit Vollendung des 75. Lebensjahres dem Papst anzubieten[385], geht der *CIC/1917* von einem lebenslangen Bund des Diözesanbischofs mit seiner Diözese aus. Zwar ist

---

380 Vgl. can. 368, *CIC/1983*: „Ecclesiae particulares, in quibus et ex quibus una et unica Ecclesia catholica exsistit, sunt imprimis dioeceses, quibus, nisi aliud constet, assimilantur praelatura territorialis et abbatia territorialis, vicariatus apostolicus et praefectura apostolica necnon administratio apostolica stabiliter erecta.“ und can. 381, § 2, *CIC/1983*: „Qui praesunt aliis communitatibus fidelium, de quibus in can. 368, Episcopo dioecesano in iure aequiparantur, nisi ex rei natura aut iuris praescripto aliud appareat.“

381 Vgl. can. 428, § 1, *CIC/1983*: „Sede vacante nihil innovetur.“

382 Vgl. can. 420, *CIC/1983*: „In vicariatu vel praefectura apostolica, sede vacante, regimen assumit Pro-Vicarius vel Pro-Praefectus ad hunc tantum effectum a Vicario vel a Praefecto immediate post captam possessionem nominatus, nisi aliter a Sancta Sede statutum fuerit.“ und can. 427, § 1, *CIC/1983*: „Administrator dioecesanus tenetur obligationibus et gaudet potestate Episcopi dioecesani, iis exclusis quae ex rei natura aut ipso iure excipiuntur.“

383 ALTHAUS, *Ordnung der Liturgie*, in: *MK*, 838/8, Rdn. 5.

384 Vgl. can. 329, § 1, *CIC/1917*: „Episcopi sunt Apostolorum successores atque ex divina institutione peculiaribus ecclesiis praeficiuntur quas cum potestate ordinaria regunt sub auctoritate Romani Pontificis.“

385 Vgl. can. 401, § 1, *CIC/1917*: „Episcopus dioecesanus, qui septuagesimum quintum aetatis annum expleverit, rogatur ut renuntiationem ab officio exhibeat Summo Pontifici, qui omnibus inspectis adiunctis providebit.“

durch can. 183 und 430, § 1, *CIC/1917* die Möglichkeit eines Rücktritts nicht ausgeschlossen, jedoch betrifft dies nur den Einzelfall.[386]

Gemäß can. 334, § 1, *CIC/1917* sind die Residenzialbischöfe die ordentlichen und unmittelbaren Hirten ihrer Diözese und haben das Recht über alle geistigen und zeitlichen Angelegenheiten des Bistums zu bestimmen.[387] Sie sind in den Grenzen ihres Territoriums und des kanonischen Rechtes oberste Gesetzgeber, Richter und Verwalter.[388] In der liturgischen Gesetzgebung und

---

386 Vgl. can. 183, *CIC/1917*: „§ 1. Amittitur officium ecclesiasticum renuntiatione, privatione, amotione, translatione lapsu temporis praefiniti.
§2. Resoluto quovis modo iure Superioris a quo fuerat concessum, officium ecclesiasticum non amittitur, nisi lex aliud caveat aut nisi in concessione habeatur clausula: ad beneplacitum nostrum, vel alia aequipollens." und can. 430, *CIC/1917*: „§ 1. Sedes episcopalis vacat Episcopi morte, renuntiatione a Romano Pontifice acceptata, translatione ac privatione Episcopo intimata.
§ 2. Nihilominus, excepta collatione beneficiorum aut officiorum ecclesiasticorum, omnia vim habent quae gesta sunt a Vicario Generali, usque dum hic certam de obitu Episcopi notitiam acceperit, vel ab Episcopo aut Vicario Generali, usque dum certa de memoratis actibus pontificiis notitia ad eosdem pervenerit.
§ 3. A certa translationis notitia Episcopus intra quatuor menses debet dioecesim ad quam petere eiusdemque canonicam possessionem assumere ad normam can. 333, 334 et a die captae possessionis dioecesis a qua plene vacat; interim vero in eadem Episcopus:
1° Vicarii Capitularis potestatem obtinet eisdemque obligationibus tenetur, cessante qualibet Vicarii Generalis potestate;
2° Honorifica Episcoporum residentialium privilegia conservat;
3° Integros percipit fructus mensae episcopatis ad normam can. 194, § 2."

387 Vgl. can. 334, *CIC/1917*: „§1. Episcopi residentiales sunt ordinarii et immediati pastores in dioecesibus sibi commissis.
§2. In regimen tamen dioecesis neque per se neque per alios, nec ullo sub titulo sese ingerere possunt, nisi prius eiusdem dioecesis possessionem canonice ceperint; sed si ante suam ad episcopatum designationem vicarii capitulares, officiales, oeconomi fuerint renuntiati, haec officia etiam post desigantionem retinere et exercere possunt.
§3. Canonicam dioecesis possessionem capiunt Episcopi residentiales simul ac in ipsa dioecesi vel per se vel per procuratorem apostolicas litteras Capitulo ecclesiae cathedralis ostenderint, praesente secretario Capituli vel cancellario Curiae, qui rem in aeta referat."

388 Vgl. can. 335, § 1, *CIC/1917*: „Ius ipsis et officium est gubernandi dioecesim tum in spiritualibus tum in temporalibus cum potestate legislativa, iudiciaria, coactiva ad normam sacrorum canonum exercenda."

Ordnungsfunktion nach dem *CIC/1917* sind die Residenzialbischöfe demnach nicht zuständig.[389]

Der Diözesanbischof hat durch die Stärkung seiner Stellung durch das Zweite Vatikanische Konzil umfassendere Kompetenz in der Regelung der Liturgie. „Im Bischof sehe man den Hohenpriester seiner Herde, von dem das Leben seiner Gläubigen in Christus gewissermaßen ausgeht und abhängt. Daher sollen alle das liturgische Leben des Bistums, in dessen Mittelpunkt der Bischof steht, besonders in der Kathedralkirche, aufs höchste wertschätzen; sie sollen überzeugt sein, dass die Kirche auf eine vorzügliche Weise dann sichtbar wird, wenn das ganze heilige Gottesvolk voll und tätig an denselben liturgischen Feiern, besonders an derselben Eucharistiefeier, teilnimmt: in der Einheit des Gebets und an dem einen Altar und unter dem Vorsitz des Bischofs, der umgeben ist von seinem Presbyterium und den Dienern des Altars."[390]

„Der Bischof ist, mit der Fülle des Weihesakramentes ausgezeichnet, Verwalter der Gnade des höchsten Priestertums', vorzüglich in der Eucharistie, die er selbst darbringt oder darbringen lässt und aus der die Kirche immerfort lebt und wächst. [...] Jede rechtmäßige Eucharistiefeier steht unter der Leitung des Bischofs, dem die Pflicht übertragen ist, den christlichen Gottesdienst der göttlichen Majestät darzubringen und zu betreuen gemäß den Geboten des Herrn und den Gesetzen der Kirche, die durch seine besondere Verfügung für die Diözese näher bestimmt werden."[391]

Der *CIC/1983* definiert den Bischof als Leiter, Förderer und Wächter des gesamten liturgischen Lebens in der ihm anvertrauten Kirche.[392]

Als Leiter ordnet er also die Liturgie in seinem Territorium. Dies geschieht durch Gesetzgebung, in allgemeinen Verwaltungsakten und solchen für Einzelfälle.

---

389 Vgl. can. 1257, *CIC/1917*.

390 ZWEITES VATIKANISCHES KONZIL, Konstitution: *Sacrosanctum Concilium*, Nr. 41.

391 ZWEITES VATIKANISCHES KONZIL, Dogmatische Konstitution: *Lumen gentium*, Nr. 26.

392 Can. 835, § 1, *CIC/1983*: „Munus sanctificandi exercent imprimis Episcopi, qui sunt magni sacerdotes, mysteriorum Dei praecipui dispensatores atque totius vitae liturgicae in Ecclesia sibi commissa moderatores, promotores atque custodes."

Als Förderer richtet er z. B. liturgische Kommissionen oder ähnliche Organisationen ein, die ihn bei dieser Aufgabe unterstützen.

Als Wächter schließlich hat er darauf zu achten, dass sich kein Missbrauch in die kirchliche Ordnung einschleicht, vor allem in Bezug auf den Dienst am Wort, die Feier der Sakramente und Sakramentalien, die Verehrung Gottes und der Heiligen.[393]

Der Aufsichtspflicht über die Einhaltung der liturgischen Vorschriften kommt der Apostolische Stuhl durch Instruktionen oder „Verfügungen im Einzelfall"[394] nach. Es wird vom Apostolischen Stuhl deutlich die Abstellung von Missständen angemahnt.[395]

Seit dem Konzil von Trient spricht das Zweite Vatikanische Konzil und infolgedessen auch der *CIC/1983* „erstmals wieder dem Bischof liturgische Legislativrechte zu. [...] Nicht nur das Überwachungsrecht wie in can. 1261, [*CIC/1917*] [...], bzw. hebt die nahezu vollständige Reservation des liturgischen Rechts durch den Papst auf."[396]

„Freilich werden die Möglichkeiten des Bischofs und der Bischofskonferenzen im Text durch die Attributionen ‚ad normam iuris' bzw. ‚ex potestate a iure concessa [...] inter limites statutos' eingeschränkt, so dass nach den Buchstaben dieses Artikels der LK [*Sacrosanctum Concilium*, Nr. 22, § 1 und 2] das Konzessionsprinzip fortzubestehen scheint: Dem Hl. Stuhl gebührt als originärer und regulärer Autorität die liturgische Gesetzgebung, dem Bischof kommen seine Kompetenzen nur aufgrund besonderer Maßgaben des Rechts zu."[397]

Das Reservationsprinzip gilt aber zumindest theoretisch weiter. So kann man im Dekret über die Hirtenaufgabe der Bischöfe *Christus Dominus* lesen: „Als Nachfolgern der Apostel steht den Bischöfen in den ihnen anvertrauten

---

393 Can. 392, § 2, *CIC/1983*: „Advigilet ne abusus in ecclesiasticam disciplinam irrepant, praesertim circa ministerium verbi, celebrationem sacramentorum et et sacramentalium, cultum Dei et Sanctorum, necnon bonorum administrationem."

394 ALTHAUS, *Ordnung der Liturgie*, in: *MK*, 838/5, Rdn. 3.

395 Z. B. KONGREGATION FÜR DEN GOTTESDIENST UND DIE SAKRAMENTENORDNUNG, Instruktion: *Redemptionis Sacramentum* (2004), Nr. 172 ff.

396 RAU, *Die Feiern der Gemeinden und das Recht der Kirche*, 348.

397 Ebd.

Diözesen von selbst jede ordentliche, eigenständige und unmittelbare Gewalt zu, die zur Ausübung ihres Hirtenamtes erforderlich ist. Die Gewalt, die der Papst kraft seines Amtes hat, sich selbst oder einer anderen Obrigkeit Fälle vorzubehalten, bleibt dabei immer und in allem unangetastet."[398] Auf die Liturgie bezogen stellt es in diesem Zusammenhang fest: „Die Bischöfe selbst sind also die hauptsächlichen Ausspender der Geheimnisse Gottes, wie sie auch die Leitung, Förderung und Aufsicht des gesamten liturgischen Lebens in der ihnen anvertrauten Kirche innehaben."[399]

Die Dezentralisierung der liturgischen Jurisdiktion ist auch praktisch nötig, denn der Apostolische Stuhl kann als zentrale Instanz, die Anpassungen der Liturgie an lokale Gegebenheiten alleine nicht bewältigen.

---

398 ZWEITES VATIKANISCHES KONZIL, Dekret: *Christus Dominus*, Nr. 8 a).
399 Ebd., Nr. 15.

Zusammenfassung

Can. 1257, *CIC/1917* definiert als einzige Instanz, die für die Ordnung der Liturgie zuständig ist, den Apostolischen Stuhl. Dieser besteht aus der Person und dem Amt des Papstes, sowie aus den Dikasterien der römischen Kurie, die zur Ausübung der päpstlichen Primatialgewalt als Hilfsorgane tätig sind.

In der Ordnung der Liturgie ist das in erster Linie die Ritenkongregation, ferner haben auch die Kongregation des Heiligen Offiziums, die Kongregation für die orientalischen Kirchen, die Propaganda Fide, die Religiosenkongregation, die Konzilskongregation, die Zeremonienkongregation und die Sakramentenkongregation in ihrem jeweiligen rechtlichen Rahmen gewisse liturgische Ordnungskompetenzen.

Die päpstliche Reservation kommt erstmals im zweiten Jahrhundert durch Papst Klemens I. auf, bevor im dritten Jahrhundert der Bischof als Leiter der Liturgie in seinem Territorium genannt wird. Die Bischöfe selbst aber nehmen ab dem vierten Jahrhundert diese Kompetenz immer weniger in Anspruch, indem sie sich an den Papst zur Klärung von liturgischen Fragen wenden. Papst Siricius ist der erste Papst, der liturgisch in eine andere Diözese eingreift. Ausgehend vom Wunsch der Vereinheitlichung verfestigt sich die päpstliche Einflussnahme, wobei lokale Bräuche immer noch berücksichtigt werden.

Zwischen dem 14. und 15. Jahrhundert verliert der Apostolische Stuhl aufgrund des Großen Abendländischen Schismas und der damit einhergehenden Schwächung der Disziplin an Einfluss und lokale Eigenheiten bis hin zu eigenen Liturgien gewinnen an Raum.

Seit dem Konzil von Trient hingegen mit Ausnahme des Gallikanismus bzw. Febronianismus stärkt sich die päpstliche Reservation wieder und findet 1917 im *Codex Iuris Canonici* ihren Höhepunkt.

Die Dözesanbischöfe spielen im litugischen Recht nur noch eine Überwachungsfunktion oder sind zu Vollstreckern der päpstlichen bzw. kurialen Anordnungen degradiert, obwohl sie durch ihre Weihe und dadurch aufgrund göttlichen Rechtes Vorsteher der Liturgie sind.

Im Zuge des Zweiten Vatikanischen Konzils wird dem Diözesanbischof wieder mehr Eigenverantwortung zugetraut.

Die Quellen des can. 1257, *CIC/1917* belegen diese geschichtliche Entwicklung.

Das Gewohnheitsrecht als Alternative zur geschriebenen Norm spielt für das liturgische Recht eine grundlegende Rolle. Das ständige Üben einer liturgischen Gewohnheit durch eine beständige Gemeinschaft verleiht dieser Rechtsgültigkeit. So wird aus der Übung der Gewohnheit, der *consuetudo facti*, eine Art Partikularnorm, die *consuetudo iuris*. Es ist jedoch nötig, dass der Gesetzgeber der Gewohnheit entweder ausdrücklich oder stillschweigend zustimmt. Einer hundertjährigen bzw. unvordenklichen Gewohnheit ist von Rechts wegen nicht mehr zuzustimmen. Außerdem darf die *consuetudo* freilich dem göttlichen Recht und dem Naturrecht nicht widersprechen, d.h. sie muss vernünftig sein. Grundsätzlich hält auch keine *consuetudo* gegen den *CIC* stand.

Man unterscheidet zwischen Gewohnheiten entsprechend dem Gesetz, außergesetzlichen Gewohnheiten und Gewohnheiten gegen das Gesetz. Letztere muss unvordenklich und vernünftig sein, um Rechtskraft zu erhalten.

Hier kommt dem Diözesanbischof ein echtes liturgisches Recht zu. Es ist nämlich an ihm, die Vernünftigkeit einer Gewohnheit gegen das Gesetz zu beurteilen.

Auch nach *CIC/1983* steht dem Papst und dem Gesamt des Bischofskollegiums die volle Gewalt über die Kirche zu, sodass darunter auch die Liturgie fällt.

Weiterhin unterstützt die römische Kurie den Papst in allen Amtsgeschäften. Die Kongregation für den Gottesdienst und die Sakramentenordnung ist das für die Liturgie zuständige Dikasterium. Es wird jedoch darauf verzichtet Detailfragen zu lösen, stattdessen wird dem Diözesanbischof mehr Entscheidungskompetenz zugewiesen.

Er hat durch die Stärkung seiner Stellung durch das Zweite Vatikanische Konzil wieder umfassende Kompetenz in der Regelung der Liturgie. Ist er doch in *CIC/1983*, can. 838, § 1 neben dem Apostolischen Stuhl als einzige kirchliche Autorität genannt, dem jenes zusteht. Ebenso kommt ihm weiterhin die Aufsichtspflicht über die Einhaltung der liturgischen Vorschriften zu.

Als neuere kirchliche Autorität mit Kompetenzen in der Ordnung der Liturgie taucht nach dem Zweiten Vatikanischen Konzil die Bischofskonferenz auf, die der *CIC/1917* in dieser Form nicht kennt. *CIC/1983*, can. 838, § 3 nennt direkt als Hauptaufgabe dieser Instanz die Übersetzung der liturgischen Bücher und deren Anpassung innerhalb festgelegter Grenzen.

Der Vollständigkeit halber wurde auch das Partikularkonzil erwähnt. Es ist zwar sehr selten geworden, dennoch ist anzunehmen, dass es ähnliche Kompetenzen wie der Diözesanbischof hat.

In einem geschichtlichen Überblick hat der Autor dieser Arbeit versucht aufzuzeigen, wie die liturgische Normsetzungskompetenz von den Diözesanbischöfen exklusiv auf den Apostolischen Stuhl übergegangen ist, diese Reservation aber eingeleitet durch das Zweite Vatikanische Konzil wieder gelockert wurde durch die Einbeziehung der Autoritäten unterhalb des Apostolischen Stuhles.

Adnotationes in Ius Canonicum

Herausgegeben von Elmar Güthoff und Karl-Heinz Selge

Band 20 Bernd Matecki: Der Traktat *In primis hominibus*. Eine theologie- und kirchenrechtsgeschichtliche Untersuchung zu einem Ehetext der Schule von Laon aus dem 12. Jahrhundert. Anhang: Edition des Traktates *In primis hominibus*. 2001.

Band 21 Stefan Gatzhammer: Der Souveränitätsanspruch des Apostolischen Stuhles in päpstlichen Lehraussagen und in der Kanonistik von 1846 bis 1978. 2001.

Band 22 Andreas Franitza: Das Domkapitel zu Hildesheim in der Zeit zwischen Preußenkonkordat (1929) und Niedersachsenkonkordat (1965) und seine Statuten von 1984. 2001.

Band 23 Péter Erdö: Die Quellen des Kirchenrechts. Eine geschichtliche Einführung. 2002.

Band 24 Rüdiger Althaus / Rosel Oehmen-Vieregge / Jürgen Olschewski (Hrsg.): Aktuelle Beiträge zum Kirchenrecht. Festgabe für Heinrich J. F. Reinhardt zum 60. Geburtstag. 2002.

Band 25 Hartmut Zapp / Andreas Weiß / Stefan Korta (Hrsg.): Ius Canonicum in Oriente et Occidente. Festschrift für Carl Gerold Fürst zum 70. Geburtstag. 2003.

Band 26 Johnson Michael Kallidukil: The Canonical Significance of the Synod of Bishops of 1994 on Consecrated Life. From the *Lineamenta* to the *Vita consecrata*. 2003.

Band 27 Hubert Schiepek: Der Sonntag und kirchlich gebotene Feiertage nach kirchlichem und weltlichem Recht. Eine rechtshistorische Untersuchung. 2003. 2.,durchgesehene Auflage 2009.

Band 28 Andreas Weiß / Stefan Ihli (Hrsg.): Flexibilitas Iuris Canonici. Festschrift für Richard Puza zum 60. Geburtstag. 2003.

Band 29 Benita von Beyme: Die Baulast für das Freiburger Münster. 2003.

Band 30 Nikolaus Schöch: Festlegung, Änderung und Konformität von Klagegründen im kanonischen Eheprozess. 2003.

Band 31 Andreas Weiß / Stefan Ihli (Hrsg.): Kulturgutschutz und Kirche, Bibel und Kirchenrecht. Symposion und Festakt anlässlich des 60. Geburtstags von Professor Dr. Richard Puza. 2004.

Band 32 Stefan Lunze: The Protection of Religious Personnel in Armed Conflict. 2004.

Band 33 Christian Kröber: Zur Bedeutung der urheberrechtlichen Vergütungspflicht von kultischer Kirchenmusik in Deutschland. 2004.

Band 34 Szabolcs Anzelm Szuromi: Anselm of Lucca as a Canonist. 2006.

Band 35 Robert Oswald: Streikrecht im kirchlichen Dienst und in anderen karitativen Einrichtungen. 2005.

Band 36 Heribert Schmitz: Die Liturgie-Instruktion *Redemptionis Sacramentum* von 2004. Kirchenrechtliche Anmerkungen zum Erlaß der Kongregation für den Gottesdienst und die Sakramentenordnung vom 25. März 2004. 2005.

Band 37 Krzysztof Górski: Das personenbezogene Eheverständnis und relatives Erfüllungsunvermögen. 2006.

Band 38 Salus animarum suprema lex. Festschrift für Offizial Max Hopfner zum 70. Geburtstag. Herausgegeben von Ulrich Kaiser, Ronny Raith und Peter Stockmann. 2006.

Band 39 Bernd Eicholt: Geltung und Durchbrechung des Grundsatzes „Nullum crimen nulla poena sine lege" im kanonischen Recht, insbesondere in c. 1399 CIC/1983. 2006.

Band 40 Georg May: Die Auseinandersetzungen zwischen den Mainzer Erzbischöfen und dem Heiligen Stuhl um die Dispensbefugnis im 18. Jahrhundert. 2007.

Band 41 Wolfgang F. Rothe: Die Statuten der Kollegiatkapitel im deutschen Sprachraum. Rechtslage und Rechtspraxis. 2007.

Band 42 Markus Müller: *Officium divinum*. Studien zur kodikarisch-rechtlichen Ordnung des kirchlichen Stundengebetes in der lateinischen Kirche. 2007.

Band 43 Dagmar Schaaf: Der kirchliche Strafanspruch. Die Begründung der kirchlichen Strafgewalt vom Ius Publicum Ecclesiasticum bis zum CIC/1983. 2007.

Band 44 Burkhard Josef Berkmann: Die Ehen von/mit Nichtkatholiken vor der lateinischen Kirche. Das neue Ehe-Kollisionsrecht in *Dignitas Connubii*. 2008.

Band 45 Klaus Kottmann: Die Freimaurer und die katholische Kirche. Vom geschichtlichen Überblick zur geltenden Rechtslage. 2009.

Band 46 Stefan Killermann: Die Rota Romana. Wesen und Wirken des päpstlichen Gerichtshofes im Wandel der Zeit. 2., überarbeitete Auflage. 2011.

Band 47 Ansgar Grochtmann: Justitiabilität der Gewissensfreiheit. Rechtsvergleichende Anaylse zur kirchlichen Strafverhängung und zum Schutz des *forum internum* im Völkerrecht. 2009.

Band 48 Sabine Heidl: Psychische Störungen und ihre Begutachtung im Ehenichtigkeitsprozess. 2009.

Band 49 Peter Fabritz: *Sanatio in radice*. Historie eines Rechtsinstituts und seine Beziehung zum sakramentalen Eheverständnis der katholischen Kirche. 2010.

Band 50 Elmar Güthoff / Stefan Korta / Andreas Weiß (Hrsg.): *Clarissimo Professori Doctori Carolo Giraldo Fürst*. In memoriam Carl Gerold Fürst. 2013.

Band 51 Franz Hasenhütl: Die Domkapitel in Österreich nach dem CIC/1983. Statutenreform und aktuelle Rechtsgestalt. 2013.

Band 52 Vitus Kapfelsperger: Eheverfahren und Eheprozesse in Staat und Kirche. Eine rechtsvergleichende Betrachtung. 2015.

Band 53 Marc Johannes Kalisch: Die Zuständigkeit zur Ordnung der Liturgie. Der Weg vom Zentralismus zur Einbeziehung der Verantwortung der Autoritäten unterhalb des Heiligen Stuhles. 2017.

www.peterlang.com

www.ingramcontent.com/pod-product-compliance
Ingram Content Group UK Ltd.
Pitfield, Milton Keynes, MK11 3LW, UK
UKHW021856290926
8980IPUK00005B/859

9 783631 718575